全国中学生校园美文精品集萃丛书

我的青春我的梦

少年情绪，欢事忆着当时

最后一排的时光

《中学生博览》杂志社 选编

时代文艺出版社

图书在版编目（CIP）数据

最后一排的时光／《中学生博览》杂志社选编. —长春：时代文艺出版社，
2018.8（2023.6重印）

（"我的青春我的梦"全国中学生校园美文精品集萃丛书）

ISBN 978-7-5387-5679-1

Ⅰ.①最… Ⅱ.①中… Ⅲ.①作文－中学－选集 Ⅳ.①H194.5

中国版本图书馆CIP数据核字（2018）第000179号

出 品 人　陈　琛

产品总监　郭力家

责任编辑　王　峰

装帧设计　李　斌

排版制作　隋淑凤

最后一排的时光

《中学生博览》杂志社　选编

出版发行／时代文艺出版社

地址／长春市福祉大路5788号　龙腾国际大厦A座15层　邮编／130118

总编办／0431-81629751　发行部／0431-81629758

官方微博／weibo.com／tlapress

印刷／北京一鑫印务有限责任公司

开本／700mm×980mm　1／16　字数／153千字　印张／11

版次／2018年8月第1版　印次／2023年6月第5次印刷　定价／34.80元

图书如有印装错误　请寄回印厂调换

编 委 会

目 录

致灿烂的你

有一段时光，只有我们知道

我们是那种人，跳舞的人

最后一排的时光

　　我坐在原来的那个位置，把双脚从栏杆的间隙里伸出去，靠着墙晃悠起来。

　　靠着的那堵墙上还有那天晚上林笛哭了后我用黑色签字笔写下的还没说完的一句话——

　　可我认识你以后，这条路再也不难走了。

　　但我想没说完的话就不必要再说了吧，就让这最美好的情愫被最后一排的时光收藏，我想它一定会替我保密的。

最后一排的时光

zzy阿狸

1

几乎每一所中学都有这样的习惯吧，座位的安排依据的不是个子高矮，而是成绩的好坏。几个冷冰冰的数字组合起来就成了判断你最重要的因素。每一次期中、期末考试成绩出来以后，班里都会重新安排座位，位置体现出的优劣，有时候比白纸黑字的排名表更加显眼。

我们都知道这并不能说明什么，但老师说这是规矩，我们得按照规矩来。

现在是期中考试后召开的班会课，等会儿老师就要公布这次期中考试的成绩及排名，同时还要调整座位。下午第二节下课，同学们就开始叽叽喳喳地讨论个不停。

我知道自己这次考砸了，所以没有参与他们的讨论。

不一会儿，教室里迅速安静下来，我抬头一看，刚好看到班主任手里拿着一张排名表，正在巡视领土似的巡视全班。

她清了清嗓子，从第一名开始宣读……

我这一次的排名是全班第三十一名，而上次是十三名。似乎是一个小小的玩笑。

同桌用手戳了戳我，想说点儿什么安慰一下我，我摆摆手说：
"没什么啦，我心态好得很。"

随后投影仪上出现了最新的座位表，我收拾好自己的东西，熟练地把课桌挪到最后一排，放学铃响起，我匆匆离开了教室。

总觉得教室里压抑得透不过气来。

2

上晚自习课的时候，我背了一会儿古诗后觉得无聊，便托腮看自己周围都有哪些人。才匆匆瞥了几眼，就对上了正趴在玻璃窗上的班主任犀利的目光，只好赶紧奋笔疾书。

我在心里嘀咕，周围坐的估计都是男生，也对，只有男生才会考砸吧。

十点二十分放学，我走到宿舍楼下才发现自己把手机落在教室里了。看了看挂在一楼大厅的时钟，指针指向十点三十分，平时这个时候教学楼已经熄灯了。

这段时间教室里常常发生失窃事件，手机才买了没多久，它不应该遭此一劫……咬咬牙，全速跑回教室。

教室在东区三楼最左边，当我奔到教室门口，居然有一支孤零零的灯管在亮着。当我靠在教室门口，把手撑在腿上缓过气后，才发现此时此刻还奋战在教室里的是一个女生，而且就坐在我的右手边。

坐了一晚上我竟然没留意她！

我蹑手蹑脚地走到座位上，把手机放进挎包，又蹑手蹑脚地溜了出来。

特像贼。

走到门口，我回头瞄了女生一眼，冰凉的光线在她身后拉出了一个长长的影子。

我不禁敲了敲门说："等会儿校警就过来巡视了，你还是早点儿回去休息吧。"说完后，一溜烟地跑了。

留下一句"谢谢"在长长的走廊里回荡。

后来我才知道，她叫林笛。

已经是高一下半学期了，我才发现我一直忽略了这么一个人的存在。

3

坐在最后一排的学生常常会被老师忽略，上课提问永远也不会被提问到，即使是把手举得再高，也如同空气般被看不到存在。

后来坐在后排的我们都不再举手。

同桌小胖语文课基本上不看黑板，课本下永远压着一本漫画。

小四英语课总是在打瞌睡。

在别人看来，我们好像已经放弃了自己，但只有自己亲身经历过的才懂那种似乎被全世界放弃了的无助感有多可怕。

闲来无事，会留意一下和我隔着一条过道的林笛。其他女生下课的时候都会聚在一块聊八卦，只有她总是在埋头苦读，除了上厕所以外，雷打不动。怪不得我连她的名字都不记得。

原以为和她的交集仅限于那天晚上的一句"谢谢"，如果不是那一次化学竞赛老师要求全班同学都得参加。

4

化学老师本来只想挑选部分同学参加比赛应付一下，但学校下通知说今年学生获奖指导老师也有奖励，于是她本着宁落一群不落一人的心态，愣是让全班同学都参加了。

初赛定在两周后，全市统一考场在L中。L中离我们学校有一段距离，所以学校特意租了客车接送我们。

我们班人数多，学校配备了一辆车，那天早上要不是化学老师手上拿着一叠准考证，那氛围看起来就像是小学生去春游。

上车后我随便挑了一个位置，坐了好一会儿，车正准备开的时候，一个冒冒失失的女生一边做手势向司机致歉一边说："不好意思，我睡过头了……"

她环视了车厢一下，发现只有我旁边是空着的时候，脸上浮过一丝绯红。我意识到我盯着她看让她有点儿尴尬了，赶紧把视线移到车窗外。

我听到一点儿声响，拧过头发现她已经坐下了。

我竟然有点儿局促不安。

她不说话，轻咬着嘴唇。我掏出老姐给我买的MP3，插上耳机播放了一首歌，然后把一只耳机举到她眼前晃了晃。

她扑哧一下笑了，说了句谢谢。

这是她第二次和我说话。

Ronan Keating温暖干净的声音把那种莫名其妙的尴尬一点点融化，我仿佛听见泉水叮咚的声音。

我和林笛断断续续聊了一会儿，才知道她和她的室友关系并不好，所以早上没人叫她起床，她耸耸肩说没关系啦，反正都习惯了。

后来和林笛相处久了才发现，她渴望与别人交流，但总是没办法融入她们的圈子。所以只能把大把大把的时间撒在题海里。她有点儿失落地说："为什么付出与收获不成正比呢？"

我一时语塞。

5

化学竞赛后，又迎来了一年一度的校运动会。

男子项目永远不愁没人参加，而女子项目却冷清得很——尤其是女子一千米。

体育委员觉得压力很大，因为没人报名是要被扣班分的。他站在讲台上呼吁了好久都没人举手，刚寻思着自己男扮女装上场的时候，林笛举起了手，"要不我来吧。"

全班瞬间响起了潮水般的掌声。我小声地对林笛说："不行就别硬撑，现在后悔还来得及。"

林笛冲我做了个鬼脸："重在参与嘛！"

校运动会那天是星期三，由于所有赛事都得在一天内完成，所以大家都很忙，布置完大本营后又得赶去相应的赛场给自己的朋友呐喊助威。

小四被强行安排去参加跳高项目，但他心里特没底，就扯着我在一边给他送水递毛巾。

等待小四去检录的时候，广播通知说：请高一年级参加女子一千米的同学马上到赛道准备。

6

我顾不得小四，一个人奔到了一千米跑道旁。

几乎一眼就能从穿着五颜六色运动服的运动员里把林笛认出来。

我想叫她一声，但又怕影响她的心情，于是把要出口的话咽了下去。

其实，这样远远地看着就挺好。

枪声一响，比赛开始了。刚开始的两圈还好，大部分女生还撑得住，后来越来越多的人举步维艰，都浑身像散了架子一样，最后坚持到第五圈冲刺阶段时只剩下四个女生了。

其中就有林笛。

我发誓那时候我比等待考试成绩还紧张。

她最后赢得了第一名。

我在心里给她叫好后准备离开，忽然想起体育老师说过，女生跑完步后要让人扶着走两圈，不然对腿脚不好。

扭过头，发现林笛正坐在草坪上大口大口地喘粗气，脸色苍白得像一张纸。

"给！"我跑过去递给她矿泉水还有毛巾，随后心里还是有点儿不安，伸出的手悬在半空不肯收回。

她努力摆出一副疑惑的表情。

我支支吾吾地说："那个，老师不是说了吗，跑完步不能直接坐着，我扶你走两圈吧。"

她的脸瞬间红到了脖子根儿。

心里头突然冒出林宥嘉一首歌里的歌词：跑不完的操场，原来小成这样。

闭上眼看，十六岁的夕阳，美得像我们一样。

7

后来小四认真地说要重新审视我们之间的友谊。

林笛拿了高一年级女子一千米比赛第一名，在班里引起了不小的轰动。

周四晚上第一节晚修是例会，全校老师都得参加。

第一节晚修，当我像往常一样准备与数学大战三百个回合的时候，林笛塞了一张纸条给我：带你去一个地方好不好？

我瞪大了双眼压低了声音说："现在？我可是好学生，我是不会轻易逃课的。"

8

林笛把我带到了四楼半，原来这就是传说中的四楼半……呃，留言墙和约会胜地……

但我知道肯定是我想多了。

林笛很熟练地坐在栏杆旁，然后把腿伸出去，悬在半空。我不甘示弱，照样做了。

林笛很平静地说："我觉得这地方特好。我没什么朋友，平时有什么烦恼都会跑上这儿来吹吹风，烦恼什么的一下子就被吹散了。"

我"嗯"了一声，闭上眼感受风滑进耳朵的温柔。

不一会儿，我听到林笛很认真地说："其实你在不在乎成绩？"

我睁开眼看到林笛一脸真诚的模样，不敢随便应付，便说："能不能让我认真地想一下？"

林笛轻轻地"嗯"了一声。她的眼神流浪在这座小城的夜空，点点璀璨的灯火却无法取暖，"老师常说心态好的人慢慢会不在乎成绩，无论好坏都能云淡风轻。我也常常吹嘘自己心态好，但每次公布成绩的时候，心跳速率却一次次创下新高。对，我承认我没有这么好的心态，因为我知道我只是一个小人物，在这拥挤的世界里会因为成绩好坏而大喜大悲……"

话还没说完，我发现林笛把头靠在栏杆上啜泣起来，身体轻微颤抖，好看的马尾随之有节奏地跳动。

良久，林笛带着哭腔对我说："沈小天，即使我们都是小人物，但并不代表小人物就注定被放弃！"

我们都不想当小人物。

可我们都不得不承认自己是个小人物。

我重重地"嗯"了一声，心里却有个地方，温暖得像一片海。

侧头发现墙边有一支黑色签字笔。

9

第二天班主任把我们分别叫去了办公室，因为昨晚她有事没去开会，来教室巡视的时候发现我俩逃课，班里面瞬间议论纷纷。

我没把老师说的话放在心上，但林笛回来的时候我看见她红了眼眶。本来想调侃她几句却怎么也说不出口。

为了避嫌，我们从那儿以后没再说话。

10

期末考试临近，大家都知道这次考试很大程度上会决定高二的分班结果，于是大家都铆足了劲儿冲刺一把。

每天在题海中叫苦连天，痛不欲生，生不如死……

坐在前面的人偶尔会很大声地抱怨："哎哟，学习真累呀。老师让我期末考一定要冲进前十呢。真羡慕那些坐在最后一排的人，老师管不着，天天看课外书多好啊……"

同桌小胖语文课还是不看黑板，课本下还是压着一本漫画。

小四英语课还是在打瞌睡。

但没多少人知道我们有多么努力。

小胖的语文基础好，应付语文考试绰绰有余，课桌上除了一本漫画，其实还有一本数学习题集。漫画只是学累的时候用来调剂一下。

小四每天晚上在宿舍打着小电筒背单词，半夜两点才睡觉，所以早上偶尔会打瞌睡。

没人留意我们，但不代表我们要放弃自己。

11

期末考的前一天晚上，我紧张得有点儿睡不着，打开微信想和老姐聊聊，却收到了林笛发来的消息——

祝你明天考试成功！

我回了她一句：九科要考三天啊，你只祝福我明天成功？

她发了一个流汗的表情，又补充：祝你三天考试都成功！

我心满意足地回复她：你也是。你那次不是问为什么付出与收获不成正比吗？我不知道，但我知道如果不付出就一定不会有收获。你要相信，什么事情都会发生，那么多的不可能都在你深以为不可能的时候，变成了既成事实。

良久，她发来消息：谢谢。

睡我一旁的小胖说那天晚上我睡得像死猪一样。

12

期末考很快就过去了，成绩出来后我、林笛、小胖还有小四都考得不错，我们三个男生如愿进了理科重点班，而林笛进了文科重点班。

理科重点班和文科重点班相邻，只隔着一堵墙。开学新班主任说要调整位置的时候，我刷的站起来喊："老师我要坐最后一排！"没等老师回话，我就开始自顾自地把课桌往最后一排挪。

老师惊讶得说不出话，但还是摆摆手，意思是随我了。

啥？你问我好不容易挣脱了最后一排，为什么还要坐在那儿？

因为——

林笛坐在文科班的第一排。

13

有一节下课林笛跑过来对我说："今天晚上再逃课一次去四楼半吧？"我还没回话林笛就闪了。

我下午放学后东西都来不及收拾就灰溜溜地跑上了四楼半。有学长告诉我，每年九月学校都会把四楼半的涂鸦墙刷一遍，果然是呢。

但刷得不彻底，隐约还辨认得出曾经信誓旦旦写下的山盟海誓。

我坐在原来的那个位置，把双脚从栏杆的间隙里伸出去，靠着墙晃悠起来。

靠着的那堵墙上还有那天晚上林笛哭了后我用黑色签字笔写下的还没说完的一句话——

可我认识你以后，这条路再也不难走了。

但我想没说完的话就不必要再说了吧，就让这最美好的情愫被最后一排的时光收藏，我想它一定会替我保密的。

感谢遇见你

倾城流年

感冒第一天。

我坐在教室里，边喝水润喉咙边暖手。本就冷的天再加上下雨，冷得没药救了。我在想这么冷的天能否把我的发热攻下去。这感冒来势汹汹，才第一天我就声音沙哑，又流鼻涕又流眼泪的。

一抬头见到了淋得有点儿狼狈的远程。我奇怪地问："下那么大雨你出去干吗？"

远程没好气地翻了个白眼："出去帮你买冲剂啊！你不是说没钱嘛。喏，银翘加999。"

我吸吸鼻子："我没钱还。"

远程撇嘴："说是给咯！看你鼻塞成什么样了？我借钱给你看病吧！陪你去看。"

我想着自己干瘪的钱包，坚决地说："非常感谢！我不要看！"

远程转身回座位，说："想通了再和我说。"

感冒第二天。

昨晚睡觉前把签名改为：感冒了……

第二天，大头就发Q信息来了，有点儿无语地说："姐听说你又感冒了？"

我："……"（什么叫又？）

大头："你的体质什么时候变得这么差了？"

我："……"

大头："姐，我帮你买了上次你说的那顶帽子。今天卖家才发货，竟然赶不上你的感冒！"

我："！！！"

感冒第三天。

顺利向班主任请到假。远程说鼻音那么重眼睛那么肿，是老师都肯批假啦。想想也是。来到学校门口，门卫爷爷关心地问："怎么啦？"

我："感冒。您看眼睛都肿了，得去医院打针。"

门卫爷爷："不要打那么多针，很痛的。"

我："没办法啊。"

门卫爷爷："那快来登记。"

我："好的。"

门卫爷爷："你这请假本怎么写的是8号的？今天是18号啊。"

听到门卫爷爷这样说，我看了一眼请假本，傻了，精明的班主任也会出错："怎么会？班主任批的啊。他都没告诉我。"

门卫爷爷笑了："傻妹。我帮你改下。下学期要健健康康的啊，高考很辛苦的。"

我："好。谢谢！"

门卫爷爷："路上小心。"

搭着三轮车一路颠簸，我终于来到了医院。司机大叔好心地建议我看哪个医生比较好。敢情我感冒就是交好运的日子？打着伞走进医院时我是这样想的。

医院人忒多，等着排司机大叔推荐那个医生的队的人更多。我坐下来擦鼻子和眼泪时，一个护士阿姨惊讶地问我："眼睛怎么肿成这样？"

我："流泪流的啊。感冒不都是这样子的吗？"

护士阿姨："可你也这太严重了。我拿点儿冰给你敷敷。大冬天的，穿多点儿衣服，女孩子更要学会照顾自己。热水就在旁边，多喝点儿。"

我："好的。谢谢！"

感冒第四天。

星期天是校庆，学校一整天不上课。中午，我忍痛不吃学校免费赠送的炸鸡翅，准备吃完饭吃完药就美美地补个觉。吃饭时念叨着感冒好后要吃N个鸡翅把损失补回来。然后就听到刚打饭回来的舍友甲问我："你好点儿了吗？我今天加菜了，快来一起吃。"

我："我怕传染给你。"

舍友乙："你用两双筷子不就得了。"

我："额……"

舍友丙："喝点儿汤，我家人刚刚送来的。"

我："谢谢！"

舍友丁："快点儿吃啊，就到你洗澡了。"

我："好的。"心里华丽丽的感动啊，我的舍友们太好人了！

感冒第五天。

天气晴朗，感冒转好。一切都是那么美好。啦啦啦啦啦……

逗比同学的心事

刘 晴

1

班里的女生粗略的分可以分为两类，女神和女屌丝。然而在众女纷纭中，有这么一个鹤立鸡群的存在——楚千寻。

楚千寻是个长着女神外表的逗比，想第一次见面时我还被她"神仙姐姐"的外表惊艳了一番，接触了之后才发现她充其量就是个神经姐姐。她的品味十分高雅，热爱乡村音乐，尤其是凤凰传奇的《荷塘月色》；她课余时间还很喜欢读书，连吃午饭的时候都捧着一本《故事会》看得津津有味。最难能可贵的是，她从来不挑食，大葱大蒜韭菜盒子，这酸爽！

原本欣赏她外貌的男生没过一个星期就对她望而却步，纷纷和她拜把子成了兄弟，我也顺势加入了拜把子的大潮。明明是和别的男生一样的做法，可是只有我遭到了怀疑。一时间谣言四起，说我暗恋楚千寻品位独特之类的。

其实这是有原因的，我在年级里以"女生的绝缘体"而著名，因为我从不跟女生说话，还在女生面前一直摆着一张臭脸，就算再漂亮的女生和我搭话都会被我拒绝掉。然而这么冷酷的我竟然主动跟楚千寻交朋友，真是亮瞎了所有人的眼。

但事实的真相是——我有女生恐惧症！症结的缘由要从幼儿园说起，那时候小朋友们玩摔跤，我只不过是轻轻地碰了班上的一个女孩儿她就开始号啕大哭，害得我被老师家长双重批斗，从此以后我就开始害怕女生，到现在连跟女生说话都不敢了。

只有像楚千寻那样矬到没朋友的女生才能让我忘了她是女生的存在，从而建立起跟男生一样交往的模式。于是顺理成章的，我们俩成了朋友。

这天放学，老师让楚千寻去采购体育课要用的各种球类，最好带个男生做参谋。作为热衷球类运动的人，我自告奋勇地和楚千寻一起去了。

放学后，我俩去了体育用品商店，正在挑选哪个球好的时候，店里进来的一群流里流气的不良少年。楚千寻只看长相的话是个很有吸引力的女生，那几个不良少年大咧咧地过来搭讪。

这一幕看得我十分火大，且不说楚千寻是我朋友，这帮混蛋也太不把我放在眼里了吧？没看见她身边还有一个喘气的吗？

正当我想要上前跟他们理论的时候，楚千寻忽然拦住了我。她嘴角露出一抹阴险的坏笑，从书包里拿出一头剥好的大蒜放到嘴里猛嚼，我瞬间石化了，这家伙到底有多非人类，竟然随身带着大蒜！

只见那群小混混被她嘴里销魂的气味熏得喘不上气来，气呼呼地离开了这里。

"怎么样？我最讨厌那种人了，这是我想出来的绝招，厉害吧？"

我狂汗地点了点头。果然她一点儿女生的自觉都没有，但是跟我说话之前能不能先嚼个口香糖？

楚千寻笑起来特别没有节操，但是她却很喜欢笑。她的笑声比一千只鸭子造成的噪音污染更严重。

但是最近的楚千寻却安静得让我不太习惯。

"喂喂，你扮起忧郁来不伦不类的，赶紧给我恢复正常！"我不知道说什么给她打气，只好这样抱怨。

她颤巍巍地从书本里拿出一封华丽的信笺，看样子是一封情书。我挑挑眉，对她的举动十分不解："你是在炫耀终于有人给你写情书了吗？"

"快帮我扔掉……"她有气无力地说道。

"喂喂！你太过分了吧？好不容易有人不长眼给你写情书了，干吗要扔掉？"

和我的女生恐惧症一样，楚千寻的心底也有着根深蒂固的伤口，每当触及伤口的时候，就会出现心口痛，肌肉无力，呼吸困难，喉咙紧张酸痛等症状。医学上称之为"伤心症候群"。

据我推测，造成楚千寻伤心的根源是情书。

为了能够共同进步，我们交换各自的情报，我说出了自己恐惧女生的事情，而她也说出了伤心症的原因。

楚千寻曾经有个姐姐，四年前因为失恋自杀了。放学回家的楚千寻亲眼看到了浴室里割腕自杀的姐姐以及四处散落的情书，给年纪小小的千寻造成了极大的伤害。从此以后，只要看到情书或是信封之类的东西，楚千寻就会出现这种症状。

我听她说完之后震惊了，难以想象在大家面前永远笑得没心没肺的楚千寻竟然会有这么悲伤的记忆。

"我姐姐她太偏激了，因为失恋就轻视自己的生命真是太蠢了！我永远都不会原谅她……可是就算我原谅了她，她也不会回来了。"

和她的伤心症比起来，我的女生恐惧症甚至算不上是儿时的阴影。我总算知道了楚千寻不为人知的一面。

既然知道了病症的根源，我们就要对症下药。表面上看来楚千寻是因姐姐自杀的事情蒙上了阴影害怕情书，但是深入来讲，她应该是不信任"恋爱"这种感情。

既然了解了病症之根本，我们就要对症下药。当然我这个完全不懂恋爱的菜鸟是不会给她讲恋爱有多美好的，但是这对于未来的我们来说应该是美好的感情，不应该把它和伤心紧紧地联系在一起。难道以后楚千寻一辈子都不谈恋爱吗？

说起恋爱，可以学习的地方比比皆是，什么电影电视剧啦，小说动漫啦……都涉及了恋爱情节。于是我决定带她去看新上映的爱情电影，可这家伙倒好，进场不到两分钟就开始蒙头大睡，呼噜打得震天响，后排的观众都有意见了。

事实证明是我想得太多了，楚千寻对于恋爱作品并不反感，她只是对情书过敏而已。

3

心理学上说，在糟糕记忆的地点建立新的美好的回忆，就能将恐惧感从心底抹除。

对于楚千寻来说，糟糕的记忆是情书，广泛来说也就是"信件"。所有装在信封里的，或者是卡片明信片之类的东西她都过敏。所以要治愈她的伤心症，就要给她建立一个不同的信封印象。

虽然很多时候我都挺鄙视楚千寻的，但不得不说的是，她也是个有梦想的人。楚千寻立志要当一名作家，往很多杂志社投了很多文章。虽然是屡战屡败，但是她没有气馁，依旧不停地投稿，还参加了很多征文大赛，都石沉大海了。

我想，如果收到大赛入围通知的信，一定会消减她的伤心症。然而，在我准备制造一封假复赛通知的时候，又发生了一件让我三叉神经好痛的事件。

事情的起因是这样的，楚千寻以我为原型写了一篇关于恋爱的小说，男主角患有女生恐惧症。但是再次遭遇退稿。编辑给她退稿的原因却是男生心理描写不够真实，于是，就导致了现在的一幕——

楚千寻原本一头女神级的黑长直发被剪得清爽无比，再加上她穿的白衬衫和休闲长裤，怎么看都是一个纤瘦的帅小伙！

"为了更贴近男生的心理，我决定先改造一下外形。"她边说边拨弄那头清爽的短发。

虽说她怎么打扮是她的自由，可我的女生恐惧症怎么办？楚千寻的性格已经很不女生了，现在连外形都变得不女生的话，那除了在生物学上被定义为"女"之外，还有什么女生特征能帮助我克服恐惧？

想到这，我一阵气闷，难得我满脑子都是她伤心症的事，可那家伙竟然一点儿都没把我的女生恐惧症放在心上。这不公平！于是我把计划中的"复赛通知"搁置，随她怎么伤心好了，我才不管呢！

变装之后的楚千寻在女生中人气爆棚，走到哪里都有女生围过来跟她讲话，我也被波及，和她一起被女生围在中央。

我恨恨地朝楚千寻使眼色，她是不是故意的啊？明知道我害怕女生还拉着我一起被女生围住！可惜她完全没接收到我的怨念光波，还故意把话题转移到了我的身上。于是在我最恐惧的女生们的注视下，我不得不硬着头皮加入了她们的谈话。

没说两句话我就流了一头冷汗，生怕哪句话不小心踩到地雷伤了女生们的玻璃心。但是看着楚千寻在女生中间毫不避讳地说笑，我突然发觉女生并没有我想象中的那么脆弱。

我壮着胆子稍微调侃了一下站在我旁边的女生，她也只是附和着笑了起来，气氛比刚才更加融洽了。楚千寻偷偷冲我眨了眨眼，一脸得意的神色。

我突然为自己对她的怀疑感到一阵羞愧，这就是以小人之心度君子之腹吧？没想到我居然是这么小人的一个人。

4

知错能改，善莫大焉。

托楚千寻的福，我稍微能跟女生们正常说话了，但要像普通人一样的交往，应该还需要一段时间。比这更重要的是，我学会了信任他人。

在这之前，我总是以恶意来揣测别人，就像之前楚千寻只是剪了头发，我就暗自埋怨她不为我着想之类的。但是和她比起来，我反思到自己才是自私又功利的那个人。就连我跟楚千寻交朋友的原因，都是出于克服恐惧女生的目的。

真正的朋友，不需要计较得失，也不会在意能否从对方身上获取什么利益。在他遇到困难时，能够设身处地为他着想，才能给他最需要最有效的帮助。

这是楚千寻教会我的道理。我问她为什么明明知道我害怕女生还故意那么做，她的回答是：恐惧是很被动的情绪，所有的压力都来源于我的内心。如果一味任我闪躲的话，永远都不可能让我明白，其实那并不可怕。

她说得很对，没什么可怕的，只要试过一次就会明白，一直以来都是我自己在吓自己。我只是缺乏向前迈一步的勇气。

正因为楚千寻为我想到了这一点，才会把女生们带到我面前，让我无处可逃。

相比之下，我想到的方法真的能治好楚千寻的伤心症吗？制造一封假的复赛通知，让她的喜悦冲淡看见信件的悲伤……可是之后呢？如果知道了是假的通知，一定会很失落吧？这样做无异于饮鸩止渴，空欢喜一场的失落加上之前的悲伤，或许一辈子都不愿意收到信件了。

所以绝对不能这样做，一定还有更好的办法。

楚千寻并不是一时兴起剪了头发，而是很认真地在揣测男生的心理。我再一次感受到了她对于梦想的认真，同时也在心里庆幸没有发出假的复赛通知，因为那样是在亵渎她的梦想。

可是再怎么说男生和女生的思想都是有差别的，于是我主动对她说道："关于男生心理这方面，你可以直接问我做参考啊！"

"不太好吧？我写的是青春有关恋爱的小说，这不是在你的伤口上撒盐吗？"她做出一副为难的样子。

我知道她是顾忌我女生恐惧症的事情，可我也想为她做点什么。虽然很微不足道，可是至少能为她的梦想出一份力。于是，在我的坚持下，楚千寻采访起来，问我这么多年恐惧女生的历程、感想，以及我作为一名男生对于恋爱的看法。

或许是从中得到了启发，楚千寻很快便改好稿子投了出去。

几天后，我发现楚千寻又变得无精打采起来。按照经验，我在她的抽屉里看到了信封，是写作大赛组委会寄来的。

我发现这一刻我比她还要紧张，小心翼翼地问道："看过没有，有没有通过？"

楚千寻捏住信封的一角扔给我，虚弱地说道："你帮我看。"

我拿过信封，摆到她面前，命令道："自己打开看！"

其实帮她看一眼很简单，可是我明白，不管结果怎样，如果不是由她亲自打开来看的话，就失去了意义。无论她打开信封看到了什么，喜悦或是失落的情绪都会冲淡记忆里的悲伤。伤心和恐惧一样，只是逃跑的话，永远都不可能向前走的。

楚千寻咬着嘴唇，颤抖着打开了信封。我忽然感觉每一秒钟都过得很慢，看着她面无表情的脸，我紧张极了。

好一会儿，她好像恢复了所有的生机，挥舞着手中的信对我激动道："我通过了！我通过了！"

看吧，伤心症的症状自然消失了。因为被伤心和恐惧蒙蔽了双眼，所以忽略了很多美好的存在，就像情书和信件，原本表达的就是思念、爱恋以及希望。只是阴影太大，我们需要很长时间才能走出来。

不过没关系，只要我们愿意往前走，总有一天会见到的。

夜晚大象来时

流萤回雪

1

我早就忘记大象是在哪天第一次来到我宿舍的。

某一个深夜，我从梦里醒来，看到身上的白月光，那像纱一样的白月光，忽然就无比伤感。我知道姐姐不在身边。如果她在身边，我肯定会摇醒她，告诉她，我失眠了，陪我说说话。其实我是想和她分享这样美的白月光。

接着，我一转头，就看到了大象。大象温顺地低下头来，它把宽大的耳朵像波浪那样扇了扇，然后又冲我眨了眨眼睛。我看到它洁白的长睫毛，那么善良，那么让人平静。而它长长的软软的鼻子，在白月光里搅了搅，在我身上拍了拍，仿佛是说："我在这儿呢。"接下来，我又会无比安心，舒舒服服地睡着。

我可从没听过有谁说这个宿舍里有一头大象，更不会有人说这栋宿舍楼里有，这所校园里有。哪怕是有一天中午，我坐在我那下铺好朋友的床上吃樱桃，看到大象用鼻子推开门，迈进屋里，走到我身边，吃了我的一颗樱桃，别人都说什么也没看到。

"你手上的那个果核，是你趁我们不注意自己吃剩的，什么大象啊！"他们肯定会这么说。所以，我问也不会问。

2

我叫张圆圆。我有一个姐姐，叫张方方。我俩长得一模一样。人们都说两个双胞胎的人生会比较类似，但是在中考，我的分数比她高出来几分，虽然不够上重点高中，但是家长要求我复读再考。而张方方，去念技工学校了，她以后会做一名工人。

我是今年夏天来到这所复读学校的，走前家人不止一次和我说，圆圆啊，你一定要加油，你是你们全家的希望。每当想起这些，我都会想，为什么我没有辜负他们的权利呢，然后我的眼睛就会黯淡下去。

我挺想念我姐姐的。八月按说是暑假的日子，雨天我们在水里奔跑，晴天我们躲在丝瓜架下看古龙，还会一起追英剧，模范古板的英伦腔，但是现在只有我自己，留在这个陌生的学校补课。我和这里的同学把书从早K到晚，课间的时候都不会有人说话。我们是最可怜的孩子。这座重点学校的复读年级，真的是怨念最深的地方。

可是这么大一所学校，为什么会没有人提到大象的存在呢，为什么只有我这么特殊呢？

那大概是一次我和朋友一起吃午饭时，突然就听到旁边座位上有一个同学跟别人讲话："唉，你们知道不知道，这个学校有一头大象？"然后，他的伙伴对他发出了响亮的嘲笑。

这时候，我还怀疑自己的耳朵出现什么毛病哩。但是想了片刻，我赶紧对那边说了一句："喂，我能看见那头大象。"

他说："咦，你看到的那头，右耳朵上面，有一个耳钉吗？"

我说："不是啦，我的那头，耳朵很完整的。对了，它还有长长的睫毛。"

大家都瞠目结舌地听着我们的对话，听完了，又一起发出响亮的嘲笑。他们以为我是在逗那个发了神经的男生，或者是认为我也发神经了。

也许，连那个男生都以为我在逗他呢，我们就没有再交流了。一直到大家把饭吃完，两个人的脸都烧得通红通红的。

但是我暗暗记下了他胸牌上的名字和班级，是高四（一）班苏玛，高中的复读生。

3

到了九月，更多学生来了，原本被复读生填充的怨念被稀释。走在路上，都能看到少年们时而发出银铃一样的笑声。呵，"银铃一样的笑声"，这个我时常用在小学作文中的语句，已经很久没有响起在耳边了。

张方方也来学校看望我了，她是和一个稳重大方的男人一起来的，带了很多很多的好吃的。我悄悄问她，这是未来姐夫吗，而她害羞地点点头。

在我们家那边，女孩子初中毕业如果不读书，就会早早相亲嫁人的。

我有几分喜几分悲，喜的是终于有能够照顾姐姐的人了，悲的是她还这么年轻，就要早早考虑这些事情。而我，似乎更多了一个理由努力。否则，怎么对得起把未来搭上去的张方方。

送走了他们，我坐在锅炉房门口的小竹林里，拿着一本书叹气。叹着叹着，突然感觉从竹林外走进来一个人，眼睛的余光里，看到一个身形颀长的男生。他站在我面前问："你叹个什么气？"

我想不出来在哪里见过他，但是一看到胸牌，就记起来了，苏玛，是高中复读班的苏玛。

"唉，你是那个也能看见大象的人！"我脱口而出。

"你真能看见？"他问到。

"我和你不熟，干吗要骗你啊。"我把书拍在一边。

他摇摇脑袋："也有个女生，骗过我来着。"

那是他第一次看到大象，就跟一直以来和自己关系最要好的一个女孩子说了，女孩子表现出也看见过的样子。谁知道啊，约好了半夜一起出来看大象，却被女孩子放了鸽子。原来她压根就觉得他有病啊。

我踮起脚，摸摸他的头，心里给他点上一支蜡。

"那你呢，刚才叹什么气？"他突然转换话题。

"我有一个双胞胎姐姐，她成绩比我差一点点，家里就不让上高中了，她去上技校了，还带着男朋友来见我。"

"你也可以带着男朋友见她嘛。"他坏笑着说到。

鬼使神差的，我用恍然大悟的口气说："对哦。"然后也带着坏笑上下瞄他。

他还真是那种我会喜欢上的男生呢。

4

在我枯燥的复读生活里，突然有了一桩不那么枯燥的事。那就是在每天放学后，去小竹林看书，都会有一个学长陪伴我。我的数学烂到不行，碰到难题就问问他，而他语文糟糕透顶，我能帮助他检查背诵。

没有人讨论过我们的行踪，因为我们本身就是班级里面不大合群的人。我们也不再讨论大象，因为他怀疑我瞎编，我还怀疑他真有病呢——毕竟我的大象没有耳钉啊。

我渐渐发现他是一个让人觉得蛮温暖的男生。笑起来的样子啊，生气的样子啊，对我恨铁不成钢的时候啊，要夸赞我的时候啊，都很温柔的，生怕过大的情绪会影响到我。总之，跟他相处很舒服。

终于，在圣诞夜那天，他出现在众人面前，给了我一个礼物。

那是晚自习结束了，我正收了东西准备打道回宿舍，蓦地看见教室门口站着苏玛。对于我们班同学来说，被高年级同学等待是很稀罕的事，而且还是个长得还不错的男生。最惊奇的是，他当着所有人的面，冲里面喊："张圆圆，你出来一下！"手里还拎着一个大大的，用彩纸包装的盒子。

他把礼物塞给我就走了，而我拗不过全班人的要求，不得不把盒子拆开。结果，里面是一套用过的《中考直通车》。"哈哈哈哈"，同学们笑着散开了，而我也不那么不好意思。这个太符合苏玛的作风了，绝对不会让人那么尴尬。

等我打开其中一本数学的，却看到里面夹着一张信纸，上面写着：

> 张圆圆，这里面我用红笔标出的地方，是你需要着重复习的。你一定会考好的。

这还是很符合苏玛的作风，他会秘密地对你好，让你不那么尴尬。

5

"喂，你愿意和我看大象吗？"我在体育课自由活动的时候也跑到小花园里看书了。突然就听到不远的地方，有人在说话。

那是苏玛的声音。是苏玛面向一个女孩儿，这么用慢慢的语速问。透过竹子的缝隙，我看到女孩儿的脸红了起来，然后轻轻点头。

等到女孩儿走后，我才从竹林里跳了出来。我说："好啊，苏玛，你找女朋友被我发现啦。"

"哎呀，我还没有表白呢，你觉得怎么样？"他问我。

"嗯，满分一百分的话，她有九十分吧。"我说。因为我看那女孩儿白白净净的，眼睛很大，很有灵气的样子，还很安静。我天生对羞赧的女孩儿抱有好感。

苏玛看着我的眼睛，点头笑笑，然后就走掉了。

我的心里有一种说不出来的感觉，他为什么不找我看大象呢？唉，算了，不要多想，不能多想。我继续把书本举起到脸上，一字一字地读着。

那天深夜里，我再一次醒来。

头一回的，大象没有出现在我的身边。

我看着寂静的白月光，听着舍友的呼吸，突然感到非常非常没有安全感。但是一字字地告诫自己：我要好好学习，我要做正常的女孩儿，我不能胡思乱想，绝不。

6

公共电话里，姐姐哭着说，她和那个男生分手了。我安慰她，但是心里也很茫然。爱情是什么啊，我也不知道呢。我只知道，我对一个男孩子，悄悄产生了好感，可是当他有了女朋友的时候，我却没有那么伤悲。我只希望他要开心的，好好的，跟我一起，把这艰难的初四和高四过完，其他什么都无所谓。

在高三与高四一模的时候，成绩贴在公告栏上，我看人都散得差不多了，还过去找那个名字来着。苏玛，年级前五。在我们学校，这个成绩的话，应该是能够上省重点大学的。看到这儿，我也便彻彻底底放心了。

等到这一年过完，就无所谓辜负和不辜负，也无所谓希望和失望，这一年和其他的任何一年都没有什么分别，都会迅速消失在人们的记忆里，我扎在书本里，一遍遍淡漠地想。

我不再去小竹林了，然而偶尔在食堂的路上，还会碰到苏玛和他的女朋友，便大方地和他们打招呼。我看着那张曾经熟悉的脸，觉得那般遥远，却又那般亲近。多少次我很想问一句："唉，你们见到大象了吗？它最近不去我那里了。你们要代我替它问好。"可是，却又什么都说不出口。

直到后来，还是一个下了晚自习的晚上，苏玛在我的门口等我。

他问我为什么不去小竹林了。

我说，你都是有女朋友的人啦，我去那里跟你碰头，总是不好的。

他伸出手来揉揉我的脑袋，什么也没有说，就走掉了。

7

我在深夜，站在操场上，思念我的大象，有洁白的长睫毛的大象。你去了哪儿了？但是一切都静悄悄，什么也没有出现。过了会儿，飞来一只四声杜鹃。我才意识到，冬天不知不觉结束了，春天都开始了。

春天无比迅速。三月过后就是四月，五月之后就是中考。每个人都在估分，看看经过一年的努力，能比去年有什么长进。我一直都不敢估，我害怕那些成绩会让我绝望，让我没有熬下去剩下时间的动力。

但是年级大考还是如约而至了。在考试前一天，我说服自己，去了小竹林，我坐在没有人的椅子上，半怀着期待半怀着"遏制期待"的心情，拿出一本英文书来念。然后，终于还是见到了苏玛。

我说："没想到我都不在这里看书了，你还会过来。"

他又和煦地一笑："这里安静，没有人打扰，为什么不来呢？"

那几个钟头过得无比漫长，我听见男孩儿均匀的鼻息，在风吹过竹林的瑟瑟声音里，显得那样柔缓。而我的眼神，时而落在他身上，时而落在自己的书上。

到了天色已经暗淡的时候，我听见远处，有一个女孩儿的声音，喊着苏玛。

我站起身从竹林的另一个小入口走掉了，我知道，我再也不会回到这里了。

那一次年级大考，我意外地考了个第二名，肯定能够进重点高中了。入学的时候，我是第三十名。也许，是苏玛给我画出重点的功劳吧。

8

临到大考前一夜，张方方陪我，住在离考点最近的一个旅馆里。那个晚上，我什么书也没有看进去，就是对着窗外发呆。我在想，如果我考上好高中了，会怎样，如果突然失策没考上，又会怎样。张方方仿佛看出了我的心事，她说，你不要担心啊，不要在乎那些大人的看法啊，不论考上还是考不上，我们暑假都一起好好放松，好不好……

我想起那些一起在暴雨里奔跑、在丝瓜架下古龙的日子，感到有无限的慰藉。

可是再转念一想，大家都不是孩子了，不能再像以前那样，无忧无虑地让长辈照顾了，更何况我家的经济条件不好。

于是还是拿起那套《中考直通车》来，随便找起一本开始读。真是没想到，临到关头，居然还是苏玛的书陪伴我。

谁不知道，这次一读，却突然在里面看到了我自己！

我因为最擅长语文，所以从来不看他这套书中的语文册，现在拿的，便是这本。

原来我们竟然是认识的。看到他的描述，我的记忆才如同开了闸的江水一样奔涌而来。

那是我和张方方吵架的一天，站在家门口傻傻地哭，而邻居哥哥，也就是苏玛过来安慰我。他手里拿着几块钱，说要带我去动物园。动物园，那是个多神奇的地方啊，爸妈从来没有带我们去过动物园，因为不能乱花钱的。所以那天我就巴巴地跟着他，坐了公交，来到城市另一端的wonderland。我们看了猩猩、猴子、长颈鹿……还目睹了一头大象的死亡。

那天，很多人都往大象的院子里扔卷心菜、香蕉和胡萝卜，大象看都不看，就用鼻子卷起来，整个放到嘴里。我突然想到一个问题，如果大象一直这么不停地吃啊吃啊，会不会撑死，而且它也不会剥皮，所以会不会毒死——毕竟管理员也不在边上管着。越想，越觉得大象有些不舒服的神情呢。而邻居哥哥听了我提出的这个问题，觉得很有道理，就和我一起阻止别人喂大象了。可是谁会理两个不懂事的小孩子呢？

也就是没过多久，我们看到大象不吃东西了，它焦躁地踩起步来。直到又有人往它身上扔了一只卷心菜，它才突然趔趄一下，轰然倒地。

我们发现大象死了，然后哭着回家了。

回家后，两个"丢了小孩"的家庭已经急得团团转，当发现我们，才缓了一口气。

后来，邻居哥哥也就搬走了，再后来，就有了他这篇关于死亡的大象的作文。但是，他也不记得我叫什么。

9

我做了一件很冒险的事。中考完后的当天晚上，凌晨两点，我冲进了男生宿舍。宿舍阿姨已经睡着，我打着手电，看她床旁边墙上贴着的住宿人员表，找到那个名字，再蹑手蹑脚冲向五楼。

五楼的走廊里自然是什么人也没有，我安下心来，走到了507，试着扭了一下房门——天助我也，居然没有上锁。

我拍了拍苏玛的脸，把他唤醒，再带着穿着睡衣的他下楼。我一边下楼一边说："对不起哦，我没有手机，也不知道你的号码，只能半夜来闯男生宿舍……"

"我知道。"他还是跟以前一样的，不让人觉得尴尬。

"我很想问问你，那个女孩儿，能看到大象吗？好了好了，你不用回答我了，因为我知道，只有我们两个能看到大象。"

在夏日夜晚的微风里，我跟苏玛讲了有关作文的发现。我说，可能我们看到的那头大象，就是当时死去大象的魂灵吧。当我们一起出现在这个宿舍楼，大象的魂灵感受到了，就来了……安抚我们这一年不安而恐惧的心。

在我们出现在操场的那一刻，都听到了大象的嘶鸣声。然后那只我们都很熟悉的温柔动物"嗒嗒嗒"地奔了过来。我看到那熟悉的长睫毛。"你看，没有耳钉哦。"我说。"有啊，在这儿，"他把大象的大耳朵扯过来，我才看到，在特别特别不起眼的地方，果真有一个小小的耳钉。原来如此，我们竟因为它而绕了一个很大的弯儿。

丝毫不犹豫地，也丝毫不费力地，我们一前一后骑在大象身上。

大象可灵巧了，我们一起在夜空里飞奔，谁都没有说话。我不由地闭住眼睛，我感觉到啊，大象的后背好暖。苏玛紧紧握着我的手也好暖。我觉得自己快要摸到星星和月亮了。

我不知道如果这时候有人醒来，看看窗外，是什么样的景象。

等大象不跑了，重新回到操场，我们就换了一个姿势，躺在大象的后背上，看着天空，依旧什么也不说，慢慢睡着。

我是在黎明的时候离开的。

因为下一个学期，我就会上高中，而苏玛肯定不用复读，该去上一所重点大学了。我们势必隔开更远的距离；也因为苏玛本来就有一个很好的女朋友，而我，还要继续肩负起全家的希望，心无旁骛地学习。我们就好像双曲线，曾经无比接近，但又会无比远。

我在临走的时候，取下了大象的耳环，戴在我之后打好的耳洞上。

打耳洞时深刻的痛，以及戴上耳钉深刻的暖，将是我永远的记忆。

奔跑吧，双木林

骆　可

小酒馆里。

双木林故意松开醉眼蒙眬的我，我便很配合地瘫坐到地上。

他从兜里摸出钱，没好气地看我一眼，"知道为什么周清远喜欢唐月，不喜欢你吗？"

不等我回答，他已经替我想好了答案，"不会撒娇，不会假装单纯，声音不甜还不嗲……"

"还有吗？"我挣扎着想从地上站起来，刀已经在手边了。

双木林不知死活地接着说："人家会喝都不喝，喝点儿就脸红腿软，梨花带雨，再看看你！"他嫌弃地指着我。

"我？"我指指自己，打了个响亮的酒嗝。

"对！就你！"他不知死活地继续说道："你喝了点儿酒就跟梁山好汉上身似的！"

1

我一早就怀疑双木林到底是不是他爹妈亲生的！

你看谁家给孩子取名，有这么投机取巧的！别人一问他叫什么名字，他张嘴双木林。人家说我问你叫什么，不是你的姓。他再张嘴，双木林。

想想就觉得搞笑。双木林不以为然，那也比你耍酒疯强！

一语中的。

我乖乖闭嘴。

喝酒怎么了？喝酒就罪该万死，就不配被人喜欢吗？

不过，好像是不怎么招人喜欢。

就像现在。

周清远远远地看我走来，本来笔直的路线愣是被他迂回回去了，我急得在后面跳脚，我真有那么恐怖吗？

好像似乎……是有那么一丁点儿那啥。

自从上次我拿着扩音喇叭在校园里穷追不舍，估计现在全校都知道周清远被女生追得绕道跑的光荣事迹。

连上个厕所都听到有人窃窃私语，说那个追周清远的中文系女生，人长得挺漂亮，就是酒品不太好。

酒品不好怎么了？又没喝你家二锅头！就像那些说别人脸大的人，用你家洗面奶啦！还有说别人黑的，难道晒你们家太阳了？

真是笑话！

都说酒壮怂人胆，艺高人胆大。

于是，我一身酒气地去了男生宿舍。

时值寒冬，呵气成霜。

我嘴里冒着白色，踮起脚趴在窗玻璃上时，整个世界一片朦胧，朦胧得像人间仙境。

我在仙境里，伸断了脖子也没看到里面的情况。终于皇天不负有心人，周同学和我心有灵犀，从里面拨开了玻璃上的迷雾。

整个世界瞬间清朗了。

可是！为什么我会看到双木林那张被放大数倍的大饼脸！

古人诚不欺我！果然我本明目，因你而瞎啊！

2

自从知道了双木林和周清远住隔壁，我对他的印象瞬间改观了不少。

"好歹找错宿舍，要是走错厕所——"双木林哼一声后，又坐远了一些。

妈蛋！现在连他都开始嫌弃我了吗？

双木林似乎有读心术，失望至极地看着我："有你那么追男生的吗？"

我回嘴："国家哪条法律有写不能去男生宿舍楼下喊周清远我喜欢你吗？"

我好想去告诉那些嘲笑我，不理解我的人，其实三岁时我爸就外出打工，五岁时我妈改嫁，我喝酒只是借酒浇愁。

可事实呢？

事实上，我只是从三岁起，我爸每次喝酒时都会给我留一小口。留到最后，我一个人干二两老白干一点儿都不成问题。

可有一点不好，我不但学会了喝酒，还遗传了我爸的基因——喝醉后，酒品不太好。

于是，我就直接跑男生宿舍楼下表白了。

表白就表白呗，还非跳什么舞。跳就跳吧，跳点BigBang也行啊，居然还是雄霸天下的广场舞！不过，当时我也没想到我们这所以理工科著称的大学，居然深藏不露着这么多高手，那身段，那舞步……

就像双木林说的，你看哪个女生去表白，后来竟变成广场舞大赛？跳够了还学人家高情商，没事儿讲什么冷笑话。说一个栗子从山上滚下来，变成了什么？

好吧，我就是那个血淋淋的"栗子"。

问题是，他一定不知道越挫越勇这四个字怎么写！就像很多时候，你不逼自己一把，就不知道还有能把事情搞砸的本事！

校运动会上撑竿跳时，眼看周清远明明能过去，我一声周清远加油，他吓得一哆嗦，就趴那儿了。

一二·九长跑，我学乖了，我不喊加油了，我悄悄埋伏在半路小树林里。刚把自行车推出来，准备助他一臂之力，周清远涉嫌作弊被罚下。

到底哪里不对了呢？我只是想帮他啊。

3

怎么能让周清远喜欢上我，让我伤透了脑筋。

我在宿舍里拎着青岛大棒，指天发誓："周清远，今天的你对我爱搭不理，明天——"

大家以为我会说出什么惊天地泣鬼神的话来，结果直接趴床上了，醉倒前说了句："明天多云转晴，气温2到4度。"

是的，我已经走火入魔。

我从来就没想过如果周清远一直对我爱理不理，我要怎么办？古人一早就告诉过我们，要水滴石穿，程门立雪。

于是我拎了半包花生米等下酒菜去找双木林，也许只有男生才更了解男生。

彼时，双木林正在体育馆里练什么狗屁瑜伽，我往地上一坐，说你这些动作都太小儿科了，我给你练个！

不等双木林开口，直接往地上一躺，呈一个展开的"大"字。问："怎么样？是不是有点儿崇拜我啊？这种高难度的瑜伽我都练了十几年了！"

双木林一口鲜血涌上来，那眼神分明在说我怎么会认识你这种女生？

我拉他一起坐下，递过去个从老酒鬼卤味店买回来的鸭头。

大概是吃人的手短，不等我发问，双木林先反问："你觉得周清远为什么要喜欢你？你知道熔断是什么吗？知道快播的技术原理吗？知道贴吧买卖守则吗？"

妈蛋！又来欺负我读书少。

虽然我读书少，可一喝上酒，简直就是辩才无双。

"不懂又怎样？"我抿一口泸州老窖，逼近双木林，吓得他往后挪了挪，"难道你喜欢一只鸟，还要知道去哪买翅膀不成？"

双木林被我噎得半天才回过神，"那周清远长得也没那么好看啊！"

我鄙视地看了他一眼，把刚递过去的鸭翅一把夺回来，说："我觉得你人品有问题啊！"

是的，只要是和周清远有关的，都可以划分到人品问题里。

我承认我就这么武断！喜欢一个人的时候，往往不就是武断地一头栽进去吗？

4

久久拿不下周清远，我开始曲线救国。双木林那货是指望不上了。

一瓶全兴大曲，我和周清远宿舍的人都成了哥们。果然男人间的友谊都是在酒桌上练成的。

于是乎，我多了很多周清远的小道消息。

什么家住哪里，生活喜好，球鞋尺码，就差没告诉我他喜欢的内裤颜色了。我忙摆手，"打住打住！我管他喜欢什么，只要他喜欢我就行了！"

众人愣住。这难道不是人生真谛吗？就算他喜欢全世界，不喜欢你又有屁用！我宁愿他不喜欢全世界，只喜欢我啊。

在我昂扬的斗志加全宿舍人的共同背叛下，周清远终于妥协了——通过了我的QQ验证。

虽然我发去十条消息他能回一条，但好歹回了啊。

双木林不忘打击我，"你知道什么叫喜欢吗？"

我不搭理他，就像他知道什么是喜欢似的。后来我发现，他别的本事没有，给我添堵那是驾轻就熟。

他轻蔑地看着我，说喜欢你的人对你说我去洗澡了，之后还会说我洗完了，不喜欢你的人在说完我去洗澡后，就像死在浴室一样。还有喜欢你的人说我去吃饭了，之后还会说我吃完了，不喜欢你的人就像死在餐桌上……

双木林还在喋喋不休，我已经有毁灭整个宇宙的冲动。我瞪着他，警告："在我没有发飙前，趁早滚蛋！"

周清远就是那个死在浴室、餐桌、床上、教室、图书馆里的人！

我一点儿都不想承认，周清远永远都不会喜欢上我这个事实。一点儿都不！

哪怕我在宿舍楼上看到他说去洗澡，结果跑来给唐月送电影票。他说去吃饭，结果是去买外卖给唐月。他说去睡觉，结果……

就像在网上，周清远是我的特别关注，我却成了他的申请访问。

因为我永远都不是唐月。

哪怕我不想提，还是提到了她——那个周清远喜欢的女生。

要怎么说她呢。我很想把她形容成一个蓬头俐齿，鸱目豺声之人，可她偏偏生得沉鱼落雁，手如柔荑，齿如瓠犀。

"关键人家还是学霸！"

不知道双木林怎么滚走了后又滚了回来。看我眼前已经空掉的易拉罐，又开始苦口婆心，我都怀疑我是不是他生的！

他恨铁不成钢地拉我往教室走，说："你知道人家学霸的期末复习叫什么吗？"

呃，叫什么？

他根本没打算给我说话的机会，"人家叫查缺补漏！中等的呢，叫精卫填海！差点的，叫女娲补天！而你——"

双木林停下来，站定看住我。

我皮笑肉不笑地问："我什么？我难道要补两次天？"

这一次，双木林已经懒得理我，临走前丢给我一句话："我看你是要开！天！辟！地！了！"

5

如果说跑男里的大黑牛是陈赫亲妈的话，那么双木林简直是比亲妈都亲！

我突然就有种无颜见亲妈的感觉。

双木林慈祥地望着我，"考砸了？"见我不出声，又问："作弊被抓了？"我还不出声，"难道你又喝多了，根本没去考试！！"

这次，我摇了头。

他轻呼一口气，吐出三个字："考过了？"

我点头，伸出两根手指头，算他一屁蒙对！

那一刻，我终于理解了为什么当妈的都是看到你高兴比她自己还高兴！双木林抱着我，原地转了好几个圈。

不知是昨晚挑灯夜战的结果，还是早上又偷喝了一口酒的缘故，双木林松手放我下来时，我竟有种眩晕的感觉。

可这种感觉还没持续两秒，就夭折在他的吐沫星子里。他用鼻子凑近我嗅了嗅，紧接着开启了唠叨模式。

我终于知道为什么网上总有那么多人想方设法地给人喝鸡汤，因为肉都让他们自己给吃了！

看在他当妈当得兢兢业业的份上，我静静地等他唠叨完。他说的无非就是我一个大姑娘家怎么就那么不要强，不要强还好，又总不珍惜自己的身体总喝酒，喝酒也就罢了，还没有个度，总而言之，就是我什么时候能把酒给戒了！

我看他一眼，安慰他："今天解决不了的事，不必着急，因为明天还是解决不了。"

确实如此。

酒和周清远已经成了我人生中两大死穴。

我也很想戒掉酒啊，很想戒掉周清远。可周清远一不喜欢我，我就想喝酒，我一喝酒，周清远就离我更远了，然后我只能再喝酒……

我好像进入了一个恶性的死循环。

不对，人生不可能就只有这一种模式，肯定还有其他办法。我用了半瓶道光廿五豁然开朗。

我谄媚地坐到双木林身边，捅捅他，"你不是一直想让我戒酒吗？"

双木林扭头看我，脸上写满了不信任。

我继续媚笑，"只要你把唐月追到手，周清远肯定没个跑！到那时，嘿嘿——"我眯缝着眼，伟大的宏伟蓝图已在我面前慢慢打开，直到发现双木林的脸上写着一排"生下来就应该直接掐死你"的大字，才收了笑。

不帮就不帮呗，有什么了不起！

可让我石破天惊的是，他最后居然答应帮我追唐月！

其实双木林除了名字矬了点儿，人长得一点儿都不矬，不但不矬，还很有点儿赵英俊。

双木林扒拉开我，"夸人有这么夸的吗？"

我嬉皮笑脸，"不喜欢赵英俊，那李英俊，张英俊，反正好看就行了呗！"

我很奇怪双木林最后为什么要帮我？

他说就是想让我知道，就算没有唐月，周清远也不会喜欢我这个事实！他说你看哪个男生会去喜欢一个酒鬼！

我哭了，那是我第一次在他面前哭。哪怕以前怎么被周清远拒绝我都没哭过。

当你那么努力地去做一件事，所有人都看好你为你加油，独独你妈用一副看透你的表情在冷眼旁边。因为只有她最了解你，更可恨的是，事实证明她永远都是对的！那感觉就像压在心里的石头，终于咣当一声——

砸脚上了。

6

后来让全世界石破天惊的，不是双木林追到了唐月，而是周清远成了我的酒友。

没错，不是男友，是酒友。

酒永远是失恋最好的良药。一看周清远就不会喝酒，半两老白干下肚，就呛得猛咳起来，脸也跟着红了。他说你知道我为什么不喜欢你吗？

我喝到一半的酒瞬间清醒了。他这是要切入正题了吗？

说话间周清远又干掉半两老白干，这次只是辣得轻咳了两声。他苦笑地看着我，说不是不喜欢你，而是不敢喜欢你啊！

他说这话时，让我瞬间想到了双木林。

是啊，好像是没有男生会喜欢一个酒鬼。我沮丧地从周清远手里拿过来剩下的老白干，一饮而尽。

此时，双木林再也不会像只无头苍蝇一样在我身边叨叨个没完，他应该和唐月花前月下你侬我侬吧。

我有些不是滋味地想。

周清远倒了倒只剩下空瓶子的老白干，有些醉了地打量我，"我觉得你不是真的喜欢我。"

我"切"一声，我不喜欢你难道喜欢双木林？

我喜不喜欢双木林我不知道，我只知道那个和周清远把酒言欢的第二天，我躺在了医院的病床上。

喝酒导致的胃穿孔。

麻药劲儿刚过，就看到双木林那张想掐死我的脸，旁边站着唐月。

突然不想让他们看到如此狼狈的自己，虽然以前也没少狼狈过，可现在不一样了。

当他和唐月站在一起时，我那所剩无几的自尊心一下子死灰复燃了。

我刚想侧身背对他们，就疼得龇牙咧嘴。唐月忙去找医生，双木林转身也跟了出去。

真是重色轻友！

我在心里骂道，我都这样了，你们就分开一会儿能少块肉啊。

最后谁也没少块肉，唐月却走了。

我张望门口，脸上写着个大大的问号。双木林黑着脸，说："我告诉她张发弟不想看到你，你先走吧。"

你大爷！我看着双木林，露出一个干得漂亮的璀璨笑容。

没错，张发弟就是我，我就是张发弟！为了"发"那小我八岁的弟弟。好吧，我终于承认我的名字比双木林好不到哪里去，简直有过之而无不及！那又怎样？难道就会耽误我将魔爪伸向那刚毕业的管床医生？

当双木林提着小米粥来看我时，我已经跟小医生混得烂熟。我背靠在枕头上教他怎么区分酒的好坏，什么样的酒会挂杯，醒酒的重要性，力克的作用。

小医生听得直点头，甚至已经和我约好，等我出院后就去小饭馆里一较高下。等到双木林的身影消失在走廊里，小医生三八地问："他喜欢你？"见我不接话，又问："那你喜欢他？"

我？喜欢双木林？

怎么会？

就算没有周清远，还有靳东、霍建华等一众老干部男神在等着我，我怎么会喜欢他呢？况且一旦我归顺了他，哪还有我那些酒爱妃们的活路。

再说了，他现在已经有了唐月，应该不会喜欢我了吧。

7

双木林好久都没有再出现。

他现在有了唐月，避嫌也是应该的。就像圈子不同，不必强融一个道理。

从什么时候起，我也会没事给自己焖一口鸡汤了。更何况，谁希望自己身边总有个酒鬼朋友。可人都是健忘的动物，好了伤疤忘了疼。

刚出院不到一个月，就喝趴下仨男生。其中就有周清远。

如今周清远已经成了我的哥们，外加手下败将。甚至在醉倒前，竟然破天荒地向我表白。

他说张发弟，你就是女中豪杰呀！我现在才发现我喜欢你！

我应该高兴的不是么？高兴周清远这只小绵羊终于被我这只披着羊皮的狼给同化了。

可我一点儿都不高兴。

不高兴没有双木林的日子，不高兴就算喝死也没人管。

难道我就是那传说中后知后觉的物种？就像不喜欢周清远也只是一瞬间的事。如果不是双木林一开始就说死也不会喜欢酒鬼这种话，也许今天会是另一番情景。

如今，就算我真的戒了酒，又能怎样？

我竟然再一次住进了医院。这世上为了戒酒，把自己喝成水中毒的大概没有几人。

只是这一次，双木林来看我时，唐月没有来。

我赌气般不想理他，假寐了半个时辰，累得肌肉僵硬，他还没有走。我一骨碌坐起来，没好气地问："你来看我，唐月不会吃醋吗？"

"她为什么要吃醋？"双木林反问。

"你来看异性朋友，还一看大半天，你女朋友都不会吃醋的吗？"

"我来看我女朋友她吃什么醋？"

"女朋友？他刚才说……"不行不行，我得写套卷子冷静一下。

怎么办怎么办？我要不要先假装拒绝他然后再点头，还是先点了头再狠狠地拒绝他？

我承认，我慌了，连第一次来大姨妈时都没这么慌过。

这惊喜来得太突然了！只是，谁能告诉我这到底是怎么回事儿？！

双木林又用那种嫌弃的眼神看我，说我当初让他追唐月时，他一开始就直接告诉她，是张发弟让我来追你的，然后就没然后了。

我眯着眼逼问："真的没有然后了？那唐月为什么会和周清远分手？"

双木林开始闪烁其词，"她喜欢我是她的事，反正我不喜欢她就行了。"

"那你喜欢谁！"

双木林一副这还用问的表情，说当初他说死也不会喜欢酒鬼的后面，其实还有一句话。

就是：除了你，张发弟。

彼时，月色清远，我在他温柔的眼眸里沉沉睡去。那梦里有风，有云，还有奔跑的双木林。

仿若一轮清月，一杯烧酒，可饮风霜，可温喉。

抱歉，我只喜欢瘦子

下课后，他跟着英语班的美瞳妹子走了三条街，最后走进饭店装作偶遇。

真的如阿宝所说，他把妹本事日飞月长，很多东西无师自通。

要不是阿宝，他也不会看《破产姐妹》。手机里的虾米、豆瓣、知乎，书包里的百醇，冰箱里的酸奶，内心深处的阴影，全都是另一个人的秘密花园。

抱歉，我只喜欢瘦子

衔 猫

1 还有什么理由可以打给你

我明天去找你吧。

千万别，我还在军训呢。

那后天。

你能不能不要找我。

我会去找你的。总之。

挂了电话阿肥发现九点钟方向的女孩儿终于回眸，眼神明亮，及时扼杀了他心里那些忽明忽暗的失落。

阿肥调整面部表情，上前低声问，你也是广东的吗？

女孩儿说是呀，声音清甜。

OK，一个粤语电话成功换来一个女孩儿的回头。

一开始吧，阿肥就知道前面那个应该是广东的，碰到过很多次，然而没有一个人敢去搭讪，直接追上去问的话别人很有可能当你是变态。机智如他，首先加快脚步的速度，很自然地走到了妹子旁边，手上保持玩手机的状态。然后一边玩一边拨通了阿宝的手机，特意用白话跟阿宝说话，妹子听到他的粤语，同为广东人的她情不自禁地转过头来，与他进行了两秒钟的眼神交流。

她望向他疑惑又略带惊喜的表情，是全部计划的重点！

首先，他只是个打电话的路人，并不是什么变态，而且是这个妹子主动先用眼神与他交流的。机会和理由都满足了，他们应该算是"偶遇"，被排除了变态的可能。

于是，他结束与阿宝的通话，上前询问：你也是广东的吗？妹子当然毫无防备，回答说是呀。第二步来了，他不可能直接要别人的联系方式，所以他说，我这里有个广东老乡群，你要不要加一下？妹子当然没理由拒绝，然后妹子的QQ就到手了。

晚上和广东妹子在QQ上胡扯时，舍友问，这妞漂亮吗？

拜托，不漂亮谁会搞那么多事搭讪啊！

话刚落音，阿肥惊觉自己的语气那么像某个人，他莫名其妙烦躁起来。

拜托，我只吃抹茶味的巧克力棒。

拜托，我喝酒并不是为了得到他的关心，我活着也只是因为我想活着。

拜托，天还没黑。

她说过的那些话穿越时光隧道抵达他的耳朵，回声一遍遍扩大。

拜托。拜托。拜托。

大概只有阿宝能把这两个字说得这么刻薄，这么骄傲，这么漫不经心。

想起她感冒那次，在课堂上睡了三节课，他跑去校医院买药，回来就发现她不见了，接下来的第四节课也没出现。他爬墙出去，重达二百斤的虎躯往地面一跳，险些把路人震倒。他裤袋里兜着药，一间店一间店地找，电话不接短信不回，他脑子里紧绷着一条弦。最后在网吧的一个角落里看到她，整个人陷在沙发里，嘴里叼着一根烟，电脑旁放着一瓶喝了三分之一的可乐，屏幕上的蓝光在她憔悴的脸上暧昧地闪烁。她没注意到他，突然咳嗽起来，一下一下，抓起桌子上的可乐仰头喝了一大半。他走过去把她的烟拔掉，忍不住轻轻骂了一句，你有病啊。她懒懒地看了他一眼，说，你有药吗？

他把口袋里的药拿出来，然后走去前台买了一瓶矿泉水。他好声好气，劝她吃药，但她显然没有吃的打算。两个人僵持着，终于她没耐心了。

拜托——厚重的鼻音在他听来居然有一点性感，你别把自己当我爸行不行，我爸没那么胖好吗？

他的心重重地一沉。

还是强颜欢笑，说，我没把自己当你爸，我把自己当你男朋友。

拜托，我只喜欢瘦子。

她看着屏幕，面无表情。

2 你说完了没，我要睡觉

阿宝不明白，为什么一个简简单单的军训三天两头就有人哭。最夸张的是军训第五天，下午被检查军容军貌，有一半以上的人没剪指甲，包括阿宝在内，辅导员非常生气，指着他们的鼻子骂，骂到哭。她哽咽着说，你们做不好总导生责任很大，说完总导生就"啪"一声摔地上趴着受罚了，所有人倒吸一口冷气。接着两个教官也趴操场上了，有识相的女生说要既然是一个连队那就一起受罚，然后陆续所有的人都趴下了（当天下过雨），地上很多女生嘤嘤哭起来。

这感人的一幕在阿宝心里激不起一丝涟漪。

阿肥在讨论组里说，不是你想的那样。他们不是被教官骂哭的，而是太累，想哭，孤独。

你以为个个人都像你一样一直都有人愿意陪着你帮助你吗？

这句话像个耳光一样打在阿宝心里，她一时间想起很多东西，觉得头痛。她发了一个红包打哈哈说我睡啦。她总是这样，以为无论发生什么只要一个红包就万事大吉。

然而阿肥还在歇斯底里地怀旧。

累哭，想家，孤独。

其实他说的是自己啊。

在网上买了一辆炫酷死飞单车，领回来才发现自己完全不会组装；以为十分钟就能贴完的墙纸在舍友的指导和帮助下贴了两个钟；再也找不到可以一起扎啤烤串的死党；凌晨三点半睡不着QQ和微信里都一片死寂。所有这些对于阿肥来说都是尴尬的第一次，包括没有衣服可以穿出门只好穿着内裤洗那一大桶衣服。想起的都是无用的往事，放下姿态抓着旧人的衣角小声说，听我说完好不好，甚至都忘了抢红包。

他曾经多么骄傲，坚持不减肥，只穿黑白两色的衣服，毫无保留地喜欢一个女孩儿，喝酒喝到老板免单，恬不知耻的纯真。

他为什么要来上海？

这个遥远的，冷漠的，迷人的城市。

阿宝一直刻意无视这个问题。

他爸爸妈妈都在广州做生意，他的朋友圈子也都在广州或相邻城市，他所有熟悉的快乐的温暖的伸手可及的都在那个蔚蓝海域。然而他来了上海，这座刚好有她的城市。

好吧，就当他是跟随自己而来。

然后呢？

抱歉，她并不打算提供然后。

阿宝发现自己就是这样的人，不知道是不是天生。

那天晚上活动结束她一个人回宿舍。前面几个女生回头看到她就停下来说，你怎么一个人啊，来我们一起走。她跟她们说了几句话，但因为她比较高，没多久就把她们甩在很后面了。她走去超市买了酸奶和面包，没有回一次头。

她是一个很容易出意外的人。怕赶不上飞机在机场里拖着箱子狂奔，在陌生的城市里迷路，家里停水去肯德基洗澡，和朋友吵架被人跟踪。诸如此类，防不胜防。

阿肥不知道，她不害怕孤单不是因为一直有人陪着。而是她不需要那些廉价的帮助和陪伴。她不需要有人牵着她的手一起上厕所，她不习惯等别人一起吃饭，她不喜欢时不时说些废话联络感情。她想要的是，那种克制的，一点点的，很珍贵的对待。

她始终保持着奔跑的姿势，等待同类出现。

3 全世界的女生都深爱酸奶

因为自行车的停放问题，阿肥认识了一位学姐，长头发，化淡妆，对他很热心，带他去报社团填表格，还顺便一起吃了个饭，一路上说着学校好玩的事儿以及她和她男朋友的事儿。阿肥在心里盘算，买自行车果然是赚到了，每次去取车都可以和学姐见一面运气好还能勾搭一下别的女孩儿。

学姐约他周日去学校附近的奉城逛街，啦啦啦啦啦他在心里乐开了花。一切有关玩的事情都能让他由衷开心。

很戏剧的是，学姐在周六和男朋友分了手。这使阿肥不得不认真思考起来，思考结果如下：

学姐为什么要带他出去玩？

1.单纯的带学弟去玩。(49.9%可能)

2.去那边兼职然后顺路带我过去丢下我。(40%可能)

3.她喜欢上了我，想跟我去逛街。(0.1%可能)

4.她会放我飞机。(10%可能)

很不幸，被他猜对了。第二天早上见到学姐的时候她的眼睛肿得像核桃，明显是哭肿的。老天爷，他居然以为她昨晚说的"没事，他不值得我伤心"是真的！

学姐说她今天不想出去了。

阿肥能说什么呢？这不是一句"多喝水"可以解决的问题。

吃完饭后他在回宿舍打游戏还是自己去看电影中犹豫了三分钟。

最终选择了后者。他几乎是强迫自己去看的。在他的世界里，一个人是最不酷的事情。但在阿宝的世界里，孤单是一件很酷的事情。以前他完全理解不了她说的"这部电影我想一个人看"是什么意思，也不明白她为什么宁愿自己待在宿舍里也不跟大家一起出去玩。但抽烟喝酒划拳桌游唱歌网游，她什么都会。

第一次班里唱歌，她坐在椅子上唱了王菲的一首《催眠》，唱得投入。那是他第一次听这首歌，觉得像是一个人喝醉酒后随便哼出来的一首歌，有点疯，有点癫，又有点美。

他说，我可以看一下你手机的播放列表吗？

她把手机递过来。

列表里的几乎所有歌他都没听过。

但当天晚上他把她列表里的歌都复制到了自己的手机上。

排队买小桶爆米花和可乐，在候影厅坐着刷朋友圈，在电影的三分之一睡着了。

很巧的是，在学校的门口撞见满身酒气的学姐，她走过来拉他的手，说你去哪里了，又说，带我去走走。

051

他走去马路对面买了一排卡士酸奶，然后拉着学姐的手在操场上走了两圈。走到一半，学姐踮起脚尖吻了他的嘴，他睁着眼睛，惊讶于自己居然如此冷静，呼吸均匀，心跳稳定。

结束的时候学姐问，你有谈过恋爱吗？

这个问题让他有点紧张，他想起阿宝拿着麦唱歌的样子，坐在他电车后面呕吐的样子，坐在网吧的沙发上抽烟的样子。她喜欢喝酸奶。她舔酸奶盖的样子幸福而贪婪，说，我告诉你一个秘密，全世界的女生都深爱着卡士。

他深深地看着，总是害怕她随时会消失。

学姐喝醉了，现在说什么她明天都不会记得了吧。阿肥想。

如果恋爱是两个人必须牵手拥抱亲吻，那么我没有。

4 只想做个混蛋，永远头也不回

军训第八天，阿宝坐在阶梯教室里听讲座昏昏欲睡，手机突然亮起来，屏幕上显示着阿肥的名字。

你在哪？

在学校啊。

你在哪？

我也在学校。

哦。

沉默了一会儿，阿宝突然敏感起来，她不自觉抬高声音问，你在谁的学校？

你的。

神经病啊你！

阿宝惊得差点把手机扔出去，说了多少遍，不要不要不要不要不要来找我。阿宝在心里崩溃地大喊。她跟副排长说去上厕所，一路奔跑到图书馆楼下，远远看到阿肥和他的自行车伫立在那儿。他瘦了一圈，还是背着一个黑色双肩包，眼神里有她熟悉的羞赧。

两个人傻傻地对望，感觉特别滑稽。

你很神经你知道吗？

都说了我在军训。

你怎么那么神经？

自行车挺漂亮的。

不过你还是神经。

阿肥问，那你怎么能出来？

我偷跑出来的，只有十分钟。

嗯。让我想想，十分钟可以干什么呢？

一起接个吻吧。

阿宝刚想翻白眼说滚吧你，阿肥叼着烟凑近她，我的意思是，让我们的烟接个吻。

……

这叫什么？我是说，用香烟点燃香烟。

不知道。如果你不介意的话，我想把这种行为命名为烟吻。

听起来挺美。

和你做什么都很美。

你泡妞的技术真是光速飞长啊，油嘴滑舌。

我只是诚实，就像你不喜欢我一样诚实。

阿宝突然不知道说什么了。

这时候她的手机亮起来，是辅导员，她拿起手机说，我要回去了。

那我也回去了，都天黑了，有一段路没有灯。

要踩多久车？

两个多钟。

奇怪，你怎么找得到我学校？

开导航啊白痴。

阿宝笑着问，你踩两个钟的车就是为了来见我一面吗？

不是。阿肥也笑，我只是无聊，锻炼身体，顺便见你一面。

生活真是妙得很，阿肥可以穿越半个城市准确找到她的位置，她却在一个小小的校园里迷失了她的10号教学楼。对于一个路痴来说，每次出门都是一次冒险。半个钟后她终于回到阶梯室，辅导员导生等一大票人黑着脸站在门口迎接着她。

你去哪了？

辅导员一见到她就劈头盖脸开始骂，感情丰沛表情到位地把自己骂哭了。

阿宝知道，她哭并不仅仅是因为自己，不听话的男孩儿，踏不整齐的脚步声，初次工作的压力和期望。就像阿肥说的，很多事情不能只看表面。但她还是不知所措，迷路，再然后是辅导员的眼泪。她真的很想说，我给你发个红包，你别哭了好吗。

阿肥更新了一条个性签名，我发现我已经没有办法喜欢上别人了。

看着满桌子的残羹剩饭，阿宝有了一种破坏的快感。她打开电脑，决定写一封邮件。以前每次绝交，阿肥都会发一封告别邮件给她。去年冬天她的吹风机坏了，去阿肥家洗了一个月的头，他在那封告别邮件的末尾写，如果哪天你累了，想洗头了，来找我，我还在。诸如此类的细枝末节，像潮水般涌上心头。

你看，两个人纠缠久了，连洗头这种小事都能成为羁绊。但她不是故作决绝的人，她是真的决绝。

她来到一座陌生的城市，就是想要一种崭新的生活。孤单也好，尴尬也罢，新鲜感淘汰一切。也许明天，也许后天，随便哪一天，她在路上和一个帅哥狭路相逢，无可避免地相爱。又或许，她会变成一个学霸，天昏地暗地啃书。不然爱上高尔夫或贝多芬又有何不可。总之，她最爱的是无限可能的尽头的那一个点。

她想往前走，随便为哪个东西献身，像烟花一样绽放。

她写，谢谢你买吃的给我，让我在你的床上看剧，喝酸奶。看吧，早就告诉过你了，我是个不折不扣的混蛋。

一起看十部电影，走一百条马路，写一千张试卷。所有陪伴都是偶然，而非选择。

我只爱可能，但爱你没可能。

别再死磕了，别被回忆拖得寸步难行，别让我成为你的50度灰。

她敲着键盘的手慢了下来，因为她困了，脑子还在喧嚣，但身体已经倦怠，一不小心手臂不知碰到哪个键，页面瞬间消失，一片空白。

最后她的邮件只剩一句话，抱歉，我只喜欢瘦子。

5 药很好闻，痛很舒服

阿肥买了六盒百醇巧克力棒，每种口味都有，放在书包防身——万一碰到喜欢吃这玩意的妹子呢？

他最近专注于学业和把妹——学霸身份有助于泡妞。

他连夜准备查字典准备了一个英语mini speech，自认为炫酷狂拽，果然，坐在教室第四排的中间的妹子美瞳亮亮地看着他，他学着破产姐妹的Max挑起眉头说出那句经典台词：I guess I am your BFF, and you?

掌声适时响起来。

下课后，他跟着英语班的美瞳妹子走了三条街，最后走进饭店装作偶遇。

真的如阿宝所说，他把妹本事日飞月长，很多东西无师自通。

要不是阿宝，他也不会看《破产姐妹》。手机里的虾米、豆瓣、知乎，书包里的百醇，冰箱里的酸奶，内心深处的阴影，全都是另一个人的秘密花园。

他沉溺在对她的迷恋实在太久太久，拒绝上岸面对太阳。

就像他从小就喜欢闻中药的味道，也钟爱这种得不到的永远在骚动的痛感。

他太需要一点点新鲜的空气。

他开始减肥，穿亮色衣服，喝不结冰的白开。

他舍弃了一些骄傲，保留这一些纯真。

他的手机渐渐存了很多漂亮妹子的号码，也没有想怎么样，相遇陪伴告别，让一切顺水推舟地走。某些时候他是一个真正的绅士。有时候他会想，阿宝就会突然出现，手里拿着一瓶酒，说，老兄，来我们聊聊。

然后他们就开始聊。

　　从什么说起呢，从在网吧的楼梯扶起一个摔跤的女孩儿，她扎着一个高高的凌乱的马尾，很瘦，脸上有星星点点的雀斑。当时他不知天高地厚，问她，你知道网吧的机怎么开吗？

　　他一定变得足够狡猾，在故事的高潮处戛然而止，摆摆手说剩下的明晚再说吧。

　　他一定变得足够沉着，用漂亮糖果纸包裹散发着腥味的伤口勾引一只野性的猫。

　　他一定还保留着足够天真，够他纯粹地去爱。

　　奇怪吗，他受不了酒里兑水。

最佳损友初长成

艾 科

1

我收到第二笔一百元稿费单的时候，同桌赵美美贼一般威胁我："天上掉的馅饼又一次砸中了你，上回我念在你是首度获得劳动财富的份上就没有搜刮你，这一次，你说咋办吧？你可以单独请我以示封口，也可不做任何表示，但是我'新闻客户端'的绰号，并非浪得虚名，后果是可想而知的。"听她这么一说，我刚刚收到稿费单的惊喜，瞬间灰飞烟灭。

赵美美是个人尽皆知的"大嘴巴"，不管有的没的真的假的，但凡是她第一个知道的新鲜事，她就会口不择言地大肆宣扬，就好比我收到的这笔稿费，如果我不请她小撮一顿意思意思，那她定会在班里大声喧嚷，到时候全班同学全都涌来让我请客，可就不是区区一百元所能打发了的，哪头轻哪头重，傻子都能分清楚。作为这样一个为了一己之利而不顾别人感受的人的同桌，我只能打碎牙往肚子里咽。

中午放学，赵美美钢铁卫士一般护佑着我前去邮局取款，那阵势好像我是身价亿万之人。不过也只有这个时候，我才能对赵美美呼来喝去，为所欲为，经济基础决定上层建筑的哲学真理，此刻体现得淋漓尽致。取到钱后，赵美美哼着歌儿陪我直奔肯德基店。

"汉堡两个，鸡翅两个，饮料两杯，还有，那个套餐来两份……"我看着收银员姐姐玉指在点餐键盘上上下纷飞，而身旁的赵美美依然没有要停歇的意思。我轻轻拉拉她的书包，小声道："你没长脑子呀？超标了超标了，你当我取的是一万块呀。"赵美美点餐的激情与雅致被我不合时宜地打破，她厉声道："钱不够？钱不够我给呀，怕啥？"说完，她灰溜溜地将我拉至一旁问："钱真的不够吗？"我正欲给她算细账，她大手一挥道："服务员姐姐，去掉一份套餐吧。"然后她从自己钱包里掏出二十元钱补上亏空。

回到座位上，赵美美不管不顾地大快朵颐起来，且振振有词："真是赔了夫人又折兵，满心让你请客的，没想到我也出血了，我要多吃些，把二十块钱吃回来。还有啊，你回去赶紧再写一篇文章投给杂志社，等收到稿费后，把我垫付的二十元还给我。"

这就是我的同桌，铁公鸡一毛不拔、强词夺理蛮横跋扈的胖女孩儿，也是众人眼里贪睡贪吃的赵大嘴。用她自己的话说，嘴大吃遍四方，脸大行遍天下，吃饱喝足啥都不怕！

2

说赵美美是贪吃无度的赵大嘴，是有事实依据的。遇到吃，她可以毫无节操地将捕风捉影的事情说得活灵活现，祸从口出在她身上几乎每天都会发生。

邻班一个叫李红的女生因为生病缺课一周，康复回校上课后，我们班班长钱磊作为学校互助社的主力成员，便担负起了每天帮她补课的重任，并在补课结束后，骑车送她回家。就是这样的一幕，被赵美美看在了眼里，第二天就在班里播报新闻——钱磊和李红天天放学腻在一起，像是恋人，李红根本就配不上咱班班长！这样莫须有的事情，通过赵美美的大嘴巴滚动式播报，在班里口口相传，真假难辨了。

当天下午，李红气势汹汹地来到我们班，将书包重重地往赵美美课桌上一摔道："走，出去单挑！我就是赔了这条小命，也要还我和钱磊清白！"赵美美被突如其来的恐吓吓傻了，她还没有反应过来，李红就哭着跑了出去。

事情的结果是，自习课上，班主任将赵美美批得无地自容，且警告她说，绝对禁止造谣生事，如果再有下次，就请家长过来"喝茶"。众所周知，班主任的这道"茶"，不管是西湖龙井还是黄山毛峰，喝过之后的家长，定当会对自己的孩子"大刑伺候"，所以谁都不敢轻易喝。

赵美美被批后，狠狠地盯住我说："放学别走，陪我去找李红决斗！她居然敢到班主任那里告状！"我吓得两股战战，频频摇头。赵美美极其轻蔑道："就知道你会叛变，我是故意试探你的，你永远都不会和我成为侠肝义胆的生死之交。"我辩解说，本来就是你的错，证据面前以死抵赖，不是君子所为，你应该去给李红道歉……

我的话尚未说完，赵美美就猪一般耷拉着耳朵说："行啦行啦，闭嘴吧，以后啥事都不找你总可以了吧？"

陷害栽赃实乃大罪一宗，岂是班主任寥寥几句批评就能万事大吉的？随之衍生的，还有为期一周的值日惩罚。

3

赵美美已经整整两天没有和我说话了，每天放学我要陪她一起值日，都被她以沉默的方式，给无情地回绝了。我想我又不欠她什么，干吗这样好歹不分？真是好心当作驴肝肺！想到这里，我拂袖而去。

第三天放学，赵美美一如既往地等同学们离开后开始值日。我收拾好课本便搭乘班长的自行车往家奔去。此时，夕阳在天际仅剩一道眉线，教室的灯光开始次第亮起，我坐在班长自行车后座上，想着赵美美一个人在教室里挥汗如雨，内心顿时有一股酸涩袭上心头。我问班长：

"赵美美一个人连续值日三天，肯定累坏了，不如我们晚些回家，回去帮她吧。她虽然天生口无遮拦，但知错能改善莫大焉。"班长不计前嫌道："谁说不是呢，又不是十恶不赦的大罪，班主任对她的惩罚有点重了。"

我们返回到教室的时候，赵美美正一个人将板凳往课桌上放。我和班长不约而同地帮她摆放桌椅，她指着我的鼻子怒喝："你是过来看我如何狼狈的吗？然后以此为素材写成讽刺小说发表，让全天下的人都看我的笑话？还有你班长，身为班级核心人物，带着虾兵蟹将过来奚落人，居心何在？"班长从来都不和她计较，我跑到她的跟前说："我们是来帮朋友共渡难关的，不管你怎么挖苦讽刺，我们都会与你不离不弃。"赵美美见我言语真诚，扑哧一笑："这还差不多，我还以为你们真的见死不救呢。"

这个也是赵美美，一分钟前可以笑得脸上开满朵朵桃花，一分钟后可以气得嗓门犹如河东狮吼。只有真正了解她的人，才不会与她斤斤计较。

三人携手，很快就将卫生打扫得干干净净。满头大汗的赵美美笑嘻嘻地问我："你还让班长送你回家吗？"我不假思索道："当然了，我与他同路，所以同行。"赵美美水一般的目光漫过我的心田："那，你们，不会是，步李红的后尘吧？"她话刚出口，我便追着她打，质问她是不是好了伤疤忘了疼。班长极为不耐烦道："赵美美算是没救了，自己性命尚且难保，还对绯闻念念不忘，我看是罚得太轻，至少让她打扫一学期的卫生，只有累得直不起腰身，才没有精力想歪门邪道。"

谁说不是呢，哪怕她将一半精力用在学习上，也不至于成绩老在二十名上下徘徊。

私下开开玩笑倒也无伤大雅，我万万没有想到，赵美美会拿我和班长公然开涮。当同学们开始对我指指点点时，我便下定决心不再理她，任由每天放学后她一个人打扫卫生，累死最好。

周一早上，我像往常一样刚刚走进教室，便被一股扑面而来的绿色清风惊得目瞪口呆——不知什么时候，班里的几扇窗台上，如雨后春笋般地多出来十几盆绿植，大家像是置身于绿色森林般神情舒畅。就在我要追本溯源之际，班主任走到教室，满面春风道："今天，我要特别感谢赵美美同学，她在上周五值完最后一天日的时候，还义务为班里贡献了这么多新鲜繁茂的绿植，大大改善了同学们的学习环境，让我们以热烈的掌声向她表示感谢！"

在一片不明真相的雷鸣般的掌声中，我嗤之以鼻，哼，她爸是植物学专家，提供几盆绿植是信手拈来之事，看把你们高兴的，像是给班里捐了一百万基金似的。再看看满面红光的赵美美，我又转念一想，我是不是典型的吃不到葡萄说葡萄酸的心理？有本事我让我爸也给班里做点"贡献"呀！何况只要赵美美不乱说我和班长的坏话，也就阿弥陀佛了。提刀驾马斩阎王，看你猖狂到几时！连我自己都不知道，为何突然之间，心底竟然萌生出满满的醋意来。

那天放学，班长神秘兮兮地走到我的跟前："这下完了，赵美美在这次的周记里，写到了我们，她说我们关系亲密。"

此言犹如晴天霹雳，我拍拍自己的脑袋问："你咋知道的？"

班长悄声说："刚才我收周记簿的时候，赵美美的放在最上面，不小心被风吹掉在了地上，正好翻到这次刚写的周记那页，我弯腰捡拾的时候，无意中看到里面赫然提到我们俩的名字，还有'关系亲密'这样的字眼。这要是被班主任看到，你我会不会死无葬身之地？"

我不容多想，当机立断道："你把周记作业簿放在书桌里，明天再交给班主任，如果班主任问你原因，你就说我的还没写完，把责任推到我的身上。明天，我要拿着证据找赵美美兴师问罪！"

第二天，我风风火火地奔到赵美美跟前，厉声喝问："你平日里满口跑火车倒也罢了，我可以不予计较，可你为何还要把它写进周记里，你不知道每周的周记作业班主任都要亲自批阅吗？把我们往火坑里推，你居心何在？"

赵美美一副不明所以的样子："你在说什么啊？"

我一把推开前来劝解的班长，打开她的周记簿说："自己看看，白纸黑字，无中生有，我和班长怎么就'关系亲密'了？"

赵美美瞪大双眼也将声音提高了分贝，"你？你偷看我的周记？"

我呵呵一笑："不做亏心事，不怕鬼敲门，如果不是我无意中看到了你在周记里说我坏话，我还会一直傻乎乎地将你当成知己呢！"

在凿凿证据面前，赵美美依然巧言善辩："好啊，既然这篇周记你也看了，那就当着全班同学的面，看看我究竟写了你什么见不得人的事情了！"

天啊，她这是要破釜沉舟地毁我声誉吗？我和班长那点小事本来就空穴来风，若是闹得满城风雨，岂不以假乱真了？我正欲上前去抢那个蓝色的周记簿，眼疾手快的赵美美先人一步，她已跃到讲台上大声朗读起来，其中有这么一段："苏小幸和班长关系亲密，那种亲密就像我和她一样无话不谈。他们还在放学的时候，帮我一起值日，这一点，我虽然嘴上强硬，但内心深处早被这份友情的温暖深深融化。从此以后，我再也不信口雌黄了，我要像他们一样，做亲密无间的好朋友，多为班级着想，多为学习努力。对了，我爸已经答应送我十几盆绿植改善班级环境了，苏小幸，等着哦，终有一天，我的成绩也会赶超你的。"

那一刻，我羞赧得无地自容，为班长的谎报军情，也为自己的武断猜忌，以小人之心度君子之腹的心理令我自取其辱。我上前紧紧地抱住赵美美，几近哽咽道："原谅我的小肚鸡肠，你永远都是我的最佳损友！"

当双鱼遇上摩羯

卧卧熊

1

星座书上说，双鱼女，性格温柔，易于相处，浪漫而富于幻想，对生活充满热望。

星座书上还说，摩羯女，内心孤僻，性格冷漠高傲，心怀大志坚忍不拔，沉稳内敛，最不浪漫。

星座书上说了那么多，可偏偏没有说，当这两个星座相遇会发生什么。

当我遇上你，我才知道，这两个星座相遇，擦出的不是爱的火花，而是电闪雷鸣。

2

我是双鱼座，你是摩羯座，星座互动里绝对不会有我们俩什么事，而我们的性格特征也完全印证了这两个星座的特质，但我们偏偏相遇了。后来我们无数次聊起这个，一边互相吐槽怎么会跟你做了好友，一边又为彼此的心有灵犀哈哈大笑。

但我私下里觉得，还有一个词可以形容我们之间的关系，那就是，孽缘。

我第一次知道你的存在是在初中，那个时候，你还是青葱少女，我还是学校的假小子。我的同桌喜欢你，可惜文笔不好，于是托我给你写情书。我用尽各种华丽的笔调给你写了一封高端的情书，写到你的名字时，忽然对你很好奇。我在想，到底是什么样的女生，可以拥有这样一个好听的名字。

"昔我往矣，杨柳依依。今我来思，雨雪霏霏。"这一句，出自《诗经·采薇》，你的名字就在里面。

那是我对你的第一个印象。

我第一次见你，是在高中。那个时候还没改制，我们文理科分班，很巧合的是，我们都选了文科，并且被分到了同一个班。

我在班级花名册上看到你的名字的时候，心里竟涌起了些小欢喜。老师进来让大家做自我介绍，念到你的名字，于是我看到一个身形娇小，却十分稳健的女生走向讲台，那就是你。我还记得你当时扎一个马尾，面容清丽，眼睛大而有神，盯着人时，仿佛能把人看穿。

那是我对你的第二个印象。

再后来，我们慢慢熟悉起来，老师布置作业，每一门学科都当我们只有这一个科目的架势布置，各种试卷习题铺天盖地地朝我们扑过来。于是我们又发挥了自己的聪明才智，严格按照取长补短的方针政策来完成作业。我擅长语文，你擅长英语，他们负责搞定政治历史数学……做完之后，互相交换，互相借鉴，而我们俩，总是最快完成任务的那个人。

那是我对你的第三个印象。

高三，大家学业渐渐繁忙，班上大多数人分成了三类。一类只会埋头做各种习题，一类已经放弃，只会玩闹，而我跟你，都属于中间那一类。既不会过分紧张，也不会过分松弛。

我们从科目讨教，慢慢聊到了兴趣爱好，又从兴趣爱好慢慢聊到了人生理想。高三枯燥乏味，于是我们想出了各种余兴节目，比如，用笔记本写下一行行小说，比如根据那些流行歌谱再创造来写歌词，我们一边忙碌地学习，一边忙碌地用自己的方式舒缓压力。

我以为高三毕业，我们也要就此说再见，却没想到，孽缘再一次发挥了它的神奇魔力。

3

我在大学竟然又遇见了你。

同一所学校，同一个系，同一个班，后来我们干脆连宿舍都换到了一起。

双鱼的热情就像一把火，我燃烧着自己，打着缘分的幌子朝你飞奔过去。我拉着你一起打水，吃饭，为你在图书和教室占座，在你生日的时候，悄悄给你买你喜欢的东西，就为了能在你吹蜡烛时给你一个惊喜……

你对我的态度和反应却是日趋冷淡，我虽然有所察觉，但却选择性屏蔽了那些会让我不知所措的东西。

那个时候，有了高中的种种铺垫，我以为我们足够靠近，我却忘记了你是摩羯座，而摩羯的代名词，就是慢热。

于是，一向在交友方面无往而不利的我，碰上了友谊道路上的第一颗软钉子。

我忘记了友谊其实就像天平，如果一旦一方失重，便再也无法保持平衡。

大一我们住四人寝，我夜猫惯了，经常半夜不睡觉，敲打键盘。那个时候我常常戴上耳机，轻而易举将自己与你们隔开，我沉浸在自己的世界里无法自拔，根本没有意识到我的快乐是建立在你们的痛苦之上。

你睡眠不好，经常被我吵得大半夜都睡不着。长时间的睡眠不足导致你的脾气十分暴躁，终于有一次你忍不住爆发了，将我们的专业课本摔在我面前。

那个时候我才知道，我总是站在自己的角度，按照自己的方式行为处事，我从来没有为你们设想过什么。

学校的集体生活，教会我们的，就是要与人相处，相互体谅。

而你教会我的，却是要学会站在别人的角度去思考问题。

后来我问起你，那个时候我真的如此糟糕吗？那你后悔跟我做朋友吗？

你只是笑笑，说，还好，你懂得学习与改变，否则我们也不可能走这么远。

4

经过不断的磨合，包容与学习，我们的关系渐渐融洽，我也并不像最初那样急功近利地想要在你心里留下一个什么位置，而是慢慢地学会，怎样选择对的方式跟你，跟其他人相处。

大二的时候，我们已经很合拍了，虽然偶尔还是会有各种各样的小摩擦，但总能化解。

我们的关系真正发生质的转变，是在大二的那个寒假。

我们两个去同一个地方做兼职，我记得好像是一个茶楼大厅当服务员。临近过年，茶楼里生意异常火爆，你因为以前做过类似的兼职，所以上手很快。我笨手笨脚，总是将事情搞砸，几乎每次都是你来跟我一起承担责任，然后带着我慢慢熟悉，教我这该怎样做，那该怎样做。你像是一个姐姐，引领着我。

有一次很晚了，有人在大厅里打牌，我跟客人发生争执，你听见声音，很快地跑过来为我解围。那个人似乎喝了酒，将茶杯往你身上砸，我还没来得及反应，那茶杯便将你的额头磕出一脑门的血。

我吓得哇哇大哭，你还在一旁安慰我没事没事，可是紧接着，你就晕了过去。

你永远不会知道，就是那天晚上，那一件事，让我做了一个决定，我决定从今以后都要待在你身边不离不弃，在你最需要帮助时，做那个能给予你帮助的好朋友。

后来去了医院，医生说你只是皮外伤，好好休息就行了。我还是后怕，拉着你一起辞去了茶楼的兼职。

临走的时候，茶楼的师傅说了一句话，他说，你们这种朋友最是难得，因为性格互补。

我看到你愣了那么一瞬，随后笑得很开怀，我也不知道你在笑什么。后来很久很久之后，你才一副恍然大悟的样子对我说，我一直奇怪，我们从兴趣爱好到人生理想都毫无交集，为什么还会成为好朋友呢？原来是因为性格互补啊。

我听到这句话的时候，真是哭笑不得，但我终于相信，原来在你心中，我也被渐渐划为最靠近你心房的那一类朋友。

5

我不知道别人的友谊都是什么样子的，但我知道，我跟你的友谊绝对是来之不易的。

如今，我们已经相识相伴了差不多十二年。我们一起大哭，一起欢笑，一起吐槽对方的男朋友是多么人渣，一起为了新的职务而努力学习，分享考试信息。

我依然是那个动不动就对你告白，说一句我爱你，浪漫至极的双鱼女。

而你，也依然是那个冷着眉眼，傲娇得对我一脸嫌弃又无趣至极的摩羯女。

我不知道我们还会一起走多久，但我想告诉你，我会一直陪着你，一起慢慢变老。

到那时候，我还是要对你说一句你最受不了的肉麻话。

那就是，我爱你。

故事很简单，刚好我喜欢

粥可温

有些人不打不长记性

从小我就知道，我有一个很好听的名字，但好听的同时，也时常让人误会。

比如说此时此刻，我的新后桌拿着圆珠笔一点儿都不客气地戳我的后背，慵懒地问："喂，你叫什么名字？"

我回过头，看见一个长相端正的大男生像只树懒似的趴在桌上，半眯着的眼睛透出一丝精明的光。我怔了一会儿，"赵婉安。"

男生诧异了一下，然后笑了，"晚安？"

对于这个理解，我表示已经习以为常了，"不是那个晚安。是温婉的婉，安静的安。"好吧，我不得不承认，我自己对这个解释也很心虚。

他果然"噗"的一声，脸埋在手臂里，肩膀一耸一耸的，过了好一会儿才抬起头来，嘴角留有笑意，慢悠悠地点评："人不如其名。"

我是体育特长生，长得高，有一米七几，坐下来倒没觉得，站起来瞬间秒杀全班女生。

我翻了个白眼，低头时刚好看见他摊在桌上的课本，上面的字迹潦草，我皱眉看清楚了，两个字，很好听的名字。

司晨。

司晨？我想了想，他不会就是传说中次次考试都年级前三大名鼎鼎的学霸吧？

司晨被我的眼神盯得发毛，"干……干吗？"

我回过神儿来，缓缓笑了，学着他刚才的语气，"你也是，人不如其名。"

一中有一个不成文的规矩，每年开学前都要进行一次分班考。然后我就一不小心被分到这个学霸云集的班上来了，我也不知道年级长是怎么想的——学霸太多了，所以派我这只学渣来平均一下分数？

直到两个星期后，我才后知后觉地发现了一件更悲催的事，坐在我后头的这个男生啊，好像对我抱有特别浓厚的敌意。

他经常有事没事就拿圆珠笔戳我的背，特别是挑我穿浅色衣服的时候戳得特别狠。

顺手扯掉我的马尾已经是家常便饭了，在各科老师的注目礼下，我的头发经常莫名其妙地散下来。这直接导致了我对绑马尾这件事产生了一种奇怪的抵触。

我在写作业，好不容易快写完了，还没来得及高兴呢，他就以迅雷不及掩耳之势撞了过来，我握笔的手一扯，作业……毁了。

我几乎气急败坏，"你有毛病啊？"

"不好意思嘛，我也不是故意的，"说完慢悠悠地补上一句，"反正你也做不对是不是？"

"我……"

他眼珠子一转，"我记得你这张数学卷子只考了三十几分。"

"……"

好吧，我不跟学霸一般见识。

其实这都是一些小事，我无比心大地安慰自己。然而日长月久，再宽容的人也要精神衰弱了。

在一个月黑风高的晚自习上，我终于爆发。起源是他在和同桌讨论侏罗纪，然后我就莫名其妙地听到我的名字。

我一头雾水地听了一会儿，翻了个白眼，狰狞地转过头去。面前这厮笑得吊儿郎当，"不好意思啊，我说话就是这么直，你多担待。"

我深吸一口气，真想骂人。可你知道，我是一个助人为乐拾金不昧见义勇为善良又好脾气的孩子。

我当然不会骂人，我只是抬起脚，脚底板往他的桌底下狠狠地、特别狠地踹了过去。

"咔。"

他的脸顷刻变色，捂着膝盖跳了起来，哀号声响彻整个教学楼，"赵婉安！"

我笑了，"不好意思啊，我打人就是这么疼，你忍着点儿。"

班上的爆笑响彻了整栋教学楼。

不是我暴力，是有些人不打不长记性。

"对不起。"

司晨好像真的伤着了，走路一瘸一拐的。

我以为这样一来，我和司晨肯定就结仇了，日后相见之处，必然会变成风起云涌杀人不见血的战场……

所以一连几天下来，我都是一下课就往外跑，生怕被追杀，看见司晨有一点点靠近的迹象，就立马拔腿直冲女厕所，简直拿出了当年考八百米的架势。

好不容易等到了周六，最后一节课的铃声无比悦耳地响了起来，我抓起背包就往外跑，真的一秒都没耽搁浪费，出了教室，下了楼梯，跑过校道，直奔体育馆……我是风一样的女子！

真的，在跑路（跑路？）的过程中，我是真的想过，等熬过最后一天的训练，我就可以解放了。然而这一切的美好期待都毁在了我冲进门看到一字排开的整齐的队伍上。

司晨赫然在队！

我顷刻僵住。

司晨穿着运动服，垂手而立，冲着我不怀好意地笑，还装模作样地活动了一下膝盖。

我险些脚下一软跪在地上。

前几天他请了假，我就完全忘记了他也在校队……

晴天霹雳。我那天纯属是侥幸啊，司晨要是想整我，我肯定怎么死的不知道！

我想我的表情一定非常痛苦，不知道的绝对以为我要去的地方是地狱。

可接下来的两个小时训练，司晨压根就没有参与太大强度的训练，请假的理由是，膝盖受伤。

我挺直了背脊，却还是忍不住望向他的方向，是不是真的下手太重了？

训练完，也没见他刁难或者冷嘲热讽。我悬在空中的心放下了一半，正想着要不要过去和他道声歉，就见他慢吞吞地走了过来。

我已经形成了条件反射：司晨＝逃跑！

我立马慌不择路地抓起包准备再一次地奔跑，然而这次，衣领被人紧紧地抓住了。

我的内心有点儿崩溃，心想完了完了，真完了。

我在心里给自己点了根蜡烛，然后甩开那只万恶之手，视死如归地回过头，果不其然看见了司晨那张欠揍的脸。

他非常大爷地站着，居高临下地瞅着我，嘴角还有一抹得逞的笑……总之怎么看怎么像寻仇的。"你干干干……干吗？"

我有一种不好的预感，四下环顾了会儿，果断抱住了旁边的一根柱子，死死的。那一刻，我从没有像那一刻活得有底气过！

司晨当场就傻眼了。我估计他可能是想放个大招，结果对方的节操太低，他一下子就瞠目结舌了，"你……"

和我大眼瞪小眼地瞪了半天，然后他一个没忍住，笑了。

我有一个习惯，每天放学后都要到学校对面一条街的小酒吧里买一杯果啤，纯饮料的那种。这家店的老板是一个很有个性的女生，她左手文着大片美丽的荆棘刺青，穿一身红裙，看人时眼睛里带着桀骜。她会根据自己的心情调味，而我每天喝的味道都不一样，我也不知道她的心情怎么会如此变幻莫测……

每天训练完，回家的路上，喝一杯凉凉的饮料，多舒服啊，所以我决定无视身边人的一脸鄙视。

可司晨跳脚了，"你到底有没有听我说话啊？"

我白了他一眼，咬着吸管继续啜着，一边往前走，一边在脑子里回想他刚刚说的话。

"虽然我依然很介意你当着那么多人的面踹我，但是我还是很自觉地反省了一下自己，"他顿了顿，似乎有点儿不好意思，"呐……我跟你道歉，我不应该做小动作欺负你，这样很不光明磊落，不是君子所为。"

君子？你也知道自己不是个君子？！我在心里腹诽。

末了他还很不情愿，非常不情愿地凑过来，在我头顶上很模糊地说了一句："对不起。"

我有一瞬间的蒙。低低的声音，他脸上迅速掠上的红痕，我甚至很清晰地听见自己的心跳，好像烟花，"砰"的一声，炸了开来。

我强忍住嘴角的笑意，"太小声。"

"……对不起。"依然闷闷的。

"听不见。"

"……对不起！"

"什么态度啊。"

"赵……"

我飞快地甩了一记眼刀过去。

司晨立马把话咽了下去，眨了眨眼，平复情绪，然后超级响亮，超级大声地喊了一句，"对不起！"

路人纷纷侧目。

司晨很酷很拽地甩了甩背包，暴走了。

我看着他的背影，忽然有种欺负小动物的即视感。想了想，快步追了上去，"喂，我也要跟你道歉，我不该踹得太狠，对不起啊。"

显然我就真诚多了，显然司晨就比我大度多了，低头瞥了我一眼，要笑不笑的，然后无比自来熟地把手臂搭在我肩膀上，"本大爷原谅你了！"

我觉得司晨光芒万丈

我和司晨就这样和解了。

我莫名不安，一直觉得这和解是个阴谋，每天都绷紧了神经，可怎么也没等到他的报复。我实在受不了了，只好惴惴不安地不耻下问。

司晨当时正在刷题，闻言抬头看了我一眼，然后利落地抬起一本书往我头上砸，"你受虐狂啊？"

好吧，看他这样子，危机大概真的解除了。

于是，我卸下了顾虑，在他身上发现了越来越多的共同点，有了越来越多的话讲。无论我说什么，司晨总有话接上。那种默契，就好像在缺失的地图上找到了契合的另一半。

某一个中午，我们在食堂一起吃饭，我问他，"我一直想不明白一个问题。"

司晨大手一挥，"爱卿请讲。"

"对待新同学难道不是应该友好一点儿吗？"

他往嘴里扒饭，欲言又止了半天，我耐心地等待着，可结果到最后他一个字都没有憋出来。

我的同桌似乎发现了什么，抓着我煞有介事地说，"我觉得司晨好像变了呀，你看，他也不扯你头发，不拿笔戳你，不欺负你了。"

我不可思议地看着她，"你好像很失望？"

完了下意识地看向后桌，司晨一个人霸占了大半张桌，趴在桌上睡得正香，嘴巴张得很大。

他其实……非常孩子气。怎么说呢，我觉得他一开始之所以欺负我，就是因为孩子气。

可在其他人的眼里，司晨对我的态度确实是一百八十度的转弯，他甚至还会在看到我惨不忍睹的数学试卷时，先狠狠地嘲笑一声，然后抽搐着嘴角把自己的试卷扔过来，"抄会不会？订正会不会？"

"讲真的，赵婉安。你这样下去高考怎么办啊。"司晨和我走在回家的路上，漫不经心地拍着一个篮球，黄昏时间，天边弥漫着大片大片的红霞。

我啜着手里的果啤，今天的味道是芒果味的。显然我比他更漫不经心，踢着路上的小石子，"我特长生加分啊，不担心。"

我脑子一转，忽然想到他也是特长生，"我还没问你呢，你学习不是特别特别好么，怎么还有那么多的时间参加训练……"

"哦，我又……"话还没说完，他就忽然停住了脚步，目光看着前面的方向不动了。

"干什么？"我疑惑，见他皱眉认真地看，便也投过去目光，前面是个公交车站，好多人在等公交车，可我还没仔细地看清楚呢，司晨就把篮球往我手里一扔，拔腿就追了上去，一边大喊，"抓小偷！"

我吓了一跳，看见前面果然有一个穿着黑色衣服的人鬼鬼祟祟的，他看见司晨立马拔腿就跑。我反应过来后，只觉胸中一股热血沸腾，抱着他的篮球拼命地跟了上去。

鉴于我的反应较慢，等我追上去的时候，司晨已经追上了小偷，正和他进行最后的肉搏。我眼睛一转，冲司晨使了个眼色，他立马会意，身子往后一躲，我手疾眼快地把篮球往小偷的脑袋上一砸，不重的力道，却也足够使他恍惚一阵，被司晨制服。

我高兴地跳起来，捡起篮球，冲司晨扬了扬下巴，得意得不要不要的。

司晨也在笑，嘴角的笑意在夕阳的余晖中特别耀眼，"小样儿，跟体育特长生比赛跑？找死啊！"

我"扑哧"一笑，看着被反剪住双手的小偷，在心里幸灾乐祸地叹了口气，这下够他郁闷了。

等警察来了，把钱包交还给失主，正盘话呢，我和司晨对视一眼，趁着混乱，深藏功与名地偷偷溜了。

我把篮球扔给他，从口袋里掏出纸巾，给他一张，"您还真是勇敢，不怕小偷手里有刀啊？"

某人特别高兴地叉腰，只差没仰天大笑了，他瞥我一眼，不以为然，"这有什么好怕的？将来我可是为人民服务的！"

我敏锐地捕捉到他话里的意思，愣了一下，然后忽然明白了，"你以后是想当警察啊？"

"你居然现在才发现！"司晨不可思议地看着我。

"不……不，我现在才发现有什么好奇怪的吗！"我眨眨眼，有点儿反应无能，"那就是说，你要考警校？"

司晨直接伸手给我一个爆栗，"不然呢？"

"可是……可是……该怎么说呢，你成绩这么好，不出意外的话，上一本是完全没问题的，考警校的话，会不会有点儿……"

司晨了然地看着我纠结的样子，好一会儿才慢悠悠地说，"赵婉安，你总不能这样轻视我的梦想吧？"

梦想。

我觉得仿佛被什么震慑住了，然后慢慢地扭头看向他，他和我对视一眼，然后凑过来，看向我手里的果啤，"来，来，给大爷喝口！"

我条件反射地伸腿就踹。

司晨嬉笑着躲开。

我有些恍惚。那天天气不错，路边有棵大樟树，黄昏时分，金黄色的夕阳温柔地投在我们的脸上，把我们的身影拉得很长很长，某一个瞬间，我觉得司晨光芒万丈。

当初遇你　现在与你

临近毕业，班里的气氛越来越紧张，每个人的桌上都堆着半人高的书本习题，埋头奋笔疾书，要用一支笔，和无数的习题给自己拼出一个未来。就连司晨也看不惯我懒散的样子，一有空儿就给我讲题，我们被一股莫名的动力推着向前走，紧张又期待，每每看到黑板上逐渐减少的天数，都会被惊出一身冷汗。

某天我又错了一道题，看到正确的答案恨不得一头栽死，"世上本没有脏话，数学题做多了，就有了……"

司晨凑过来看了一眼，不忍直视地也冲我骂了句脏话，然后说："你看这题，A不对B也不对C明显不对，当然是选D了！赵婉安……"

我仿佛在他身上看到数学老师的神采，欲哭无泪地挨训，只听他继续说，"你选文理的时候是怎么想的，你学理科根本就是个灾难！"

我要哭了，"我也不想啊，可是文科要背好累啊。"

司晨嘴角一抽，闭嘴了。手腕一转，将篮球往前一送，正中黑板上的天数。

与紧张为伴的，是离别的情绪，许多人都开始买同学录，时不时蹦出一句"怎么还没毕业就开始想你了"，在学校各处拍照，就连老师也对许多同学公然用手机拍照睁一只眼闭一只眼。

我被这种气氛感染，跟风去买了同学录，随手扔了一张给司晨，他居然一脸莫名，"干什么？"

"写留言啊！"

他立即嗤笑了一声，拿笔戳了我的脑袋一下，"写了就不用毕业了？是不是傻！"见我要打人了，他悠悠地继续说，"还不如趁这工夫好好学习，考到一起才是正道。"

我愣住。

体育考的那天，我无缘无故非常紧张，满手心的汗，临上场了还没调整过来，如坐针毡，坐立不安，简直要哭了。司晨站在我身边，拿起一瓶水拧开瓶盖递给我，"你到底在怕什么？"

我怕发挥失常，我怕出了临时状况应付不及，我怕……不能和你考到一个地方……

可是我要如何说出口。

司晨懒懒地把手搭在我头上，慢条斯理地问："想不想知道我刚分班时为什么欺负你啊？"

我立马眼睛发亮，"想！"

他看着远方想了一会儿，然后忽然笑了，"你还记不记得，有一次队里测验，男女一起跑，你居然跑了第一，我不服啊，偷偷去看了点名册，谁知道后来你成了我前桌……然后……"

我顿时明白了过来，看着他不由得倒吸一口气，"那天是我被老师训了，化悲愤为动力才……不，不是，你要不要这么小肚鸡肠啊？！"

番　外

这是这个女孩儿第一次和我讲这么多的话，我一边给她调饮料一边想。

她坐在吧台前的高椅上，手托着腮，毫不在意我有没有理她，"我决定在文化课上好好努力，和他考到一起去，实在不行，也总该试试。"

最后这个女孩儿告诉我一个数据，她指了指在外面等她的男生，"他陪我来买过你五十二杯果啤。"

我抬眼看过去，男生的背影修长笔直，背着背包低头踢着什么，浑身都散发着青春气息。

我忽然心情大好，把刚刚调好的果啤递给她，她正要掏钱，我露出一个浅浅的笑容，"不用，免单。"

她"啊"了一声。

我收拾好酒杯，转身走进内间。

眼睛的余光看见这个小女孩儿很雀跃的一蹦一跳地跑出去。我心情大好。故事很简单，刚好我喜欢。

耳边忽然响起小飞马景涛似的咆哮："苏意！你又给人家免单！要不要做生意了！"

致灿烂的你

　　这个"她"说的是我，但也有可能是你们每一个人，那些艰辛而孤独的日子，留在内心最深处慢慢咀嚼，却并不觉得后悔。

　　就好像《我的少女时代》里林真心说的，长大以后，你会后悔没多吃一点冰淇淋，没多谈几次恋爱，没对讨厌的人更讨厌一点，对喜欢的人更喜欢一点，可是，这样的你，还是很好，还是很勇敢，还是很天真。

敌手和解记

夏一茶

作　对

我和小雨认识很多年了，我们不光是同学、伙伴、亲人，也是……敌人。

究其原因是性格不合，但一般来说，我从不主动招惹她，是她总变着法儿地欺负我。

比方说周末我想多睡一会儿，小雨铁定会把我吵醒："该看书了！不然就你那成绩，到了期末又会上火着急！"

辛辛苦苦看了一上午的书，好不容易被妈妈劝着活动一下，小雨又肯定会喊住想要给朋友打电话、发信息的我："少搞没用的社交活动，有空就去跑跑步、锻炼一下身体！"

到了晚饭的时候，我们气喘吁吁地回到家，和父母一起吃饭，其间她保证会讲到学校里的辩论赛、体操比赛、理化和数学竞赛……当然，那些赛事中，她个保个都参与得很积极，于是这样的场景下，我那颗想要单纯讲些校园趣闻的心，便只能讪讪地躲到了一边。

"女儿将来一定会是个好医生。"爸爸每次听完小雨的话，都会急不可待地插上一句，之后用期盼的眼神看着我们，而小雨则痛痛快快急点头应道："当然啦，我也特别想像爸爸一样，当一名了不起的外科大夫、救死扶伤的白衣天使！"

她都这么说了，我还能不合时宜地说出自己的想法吗？也只能低头看着面前的碗筷，装作走神罢了。

可我从小到大，最喜欢的是小猫小狗大象河马，最想做的是一名动物管理员或兽医，只是有一次，当我不经意将话题引到这上面，爸爸却夸张地笑："是啊，当有紧急事故发生时，人们都会大声问'这里有没有兽医？'"

听完这句话，我瞧见小雨看我的眼神变了，里面充满了不屑和气愤，过后她不止一次地要我打消那些"无聊"的念头："否则，我也会觉得很丢脸！"

也许在她看来，我就是一个让她觉得没面子又麻烦的家伙，尤其是当她发现我在放学后，屡次偷偷跑去喂养一只流浪猫，并因此和班里的陈赫成为朋友之后，更是气得火冒三丈！

"猫最讨厌了，和你一样！"她怒气冲冲地朝我喊，"还有陈赫，你没发现他上课睡觉，还总是顶撞老师吗？连班主任都说他是个不良分子，居然沦落到和他交朋友的地步，你是不是脑子出了什么毛病！"

天啊，至于吗？！为了一个她根本不了解的男生，和一只灰白色的流浪猫，居然如此诅咒我！联想到她之前那些专横跋扈的事，我再也忍不住，指着她讥笑着说："你懂个屁啊！陈赫虽然爱捣蛋，但他聪明又有爱心，不像某些人，学习那么努力，成绩还是一般，你没发现在数学和物理方面，陈赫的成绩都比你好吗！要说脑子有病，我看你才是呢！"

世界安静了，我们互相望着对方，都沉下脸，不约而同地捂住了耳朵，像曾经无数次一样："闭嘴吧！你烦死了！"

而这下，我的脑袋是真的疼了。

病　友

一周过去，我的脑袋越来越疼，没心思再和小雨吵架，只好尽最大努力，避免和她有所接触，有时想到她的坏处，实在耐不住，就悄悄跑到"神秘教室"，在墙上涂鸦她发火的丑样、说她的坏话。

奇怪的是，最近她也很少找我的麻烦，许是上次我说的话让她有些伤心吧，或者她终于长大懂事，有了"不打扰、不干涉"的自觉，也未尝可知。

又或者，也许她也找到了一个类似于"神秘教室"的地方？

我一想到这件事就很紧张，毕竟在此之前没人知道"神秘教室"的秘密，至少我从没听同学或朋友讲起过，在我看来这是唯一能让我放松下来的地方，而这天，当我又溜去涂鸦的时候，忽然感到脑袋一阵剧烈的疼痛，跟着我听到了脚步声，回头之间，我看见了小雨，她就站在我的身后，在我的诧异之中，静静地捂着头……倒下了！

我被吓傻了，之后的事几乎都不记得，只知道爸爸妈妈手忙脚乱地将她送进了医院，病房里前前后后来了好几拨经验丰富的医生，他们都皱着眉看这个年轻的病患，窸窸窣窣地讨论什么，而她则一动不动地躺在病床上，微眯着眼睛，像是完全清醒，又像是毫无意识地睡着。

原来她是因为生病了才没工夫管我的。我知道原因之后，明白"神秘教室"依旧属于自己，而她也并没生我的气，当下轻松了许多，可是不久之后，我就没这么开心了。

班主任带着几个同学来探望她，当着我的面儿，对爸爸妈妈说了很多莫名其妙的话，诸如："不要太难过，有什么困难可以跟学校说，我们甚至可以组织捐款，一定会尽一切可能帮助你们的……"

干吗把话说得这么严重啊！我瞥了一眼病床上的"木头人"，趁所有人不注意，狠狠推了她一把，她纹丝不动、毫无反应，倒是那几个平常很要好的同学，静静地在病床旁站了一会儿，默默地摇了摇头，转过脸去，窃窃私语道："听说她脑袋里的肿瘤已经压迫了神经，位置特别复杂，手术都很难做！"

"真可怜。本来就不聪明，这下又患了脑瘤，就算救活过来，以后也很难过吧？"

"要是我得了这种病，干脆就不要活了，像个傻子一样，爸爸妈妈得多伤心啊……"

你才像傻子呢！我恶狠狠地瞪了一眼说这话的女生，心说这是什么鬼朋友呀！随即又感到悲哀：原来，我一直以为的强大敌手，在别人眼中其实不过尔尔，那我呢？岂不更糟糕？

想着，我忽然看到了站在人群之中的陈赫，他若有所思地看了一会儿，便一个人径自离开了病房，那一刻我忽然真切地感受到了冷漠，心也一下变凉了：

小雨说得没错，陈赫根本不是什么朋友，我当初为他和小雨吵架，引她突发头痛病，现在变成这副摸样，真是太不应该了。

"喂，我道歉还不行吗！快好起来！"情绪无处发泄，我只好再次难过地推了她一下，"让他们看看你没有事，你之前不都是很要强的吗！还有，把你之前用来侮辱我的话还给你：你这样，我也很没面子啊……"

可说一千道一万，那个病床上的人就是什么反应都没有：看来这次，麻烦真大了。

困　　境

班主任和同学们总算离开了，妈妈走到病床旁边，反复揉搓病人木然的手："有感觉吗？能想起我是谁吗……"

"别刺激她了。"爸爸抿住嘴唇，好半天才吐出几个字，"我们要有思想准备，要理智一些。"

说这话的时候，他们甚至都不避人了！那句话就像暴风雨即将来临时的乌云，黑压压地压住了我的心，我愣了好久，终于哇地一下哭出来，之后头也不回地跑掉：这世界太恐怖太残忍了，唯一能容纳我的也只有"神秘教室"了……

可没等我跑进去，我就惊诧地发现，小雨已经静静地坐在了那里，蜷成一团，像只疲惫已久的猫。

我看到她的样子，真是气不打一处来："喂！你这好端端地，能走能动，为什么刚刚要装死！你没听见大家都说了什么，所有人都打算要放弃你了！"

本以为她会像之前无数次一样，怒不可遏地站起来和我吵，可是没有，听到我的话，她只是笑："被放弃的，难道只有我而已吗？"

什么？我被这话问得一怔，情不自禁地呆望她背后的墙，这时我注意到那面墙上的字慢慢起了变化，原本写着"小晴讨厌小雨"的句子，竟渐渐变成了："小晴就是小雨"。

小雨微笑着看我张皇的样子，淡淡笑了一下，徐徐叹了口气："我们这样迥异的意识，生活在同一个身体里，也难怪会把她搞成现在这幅窘相。"

在她的话语中，我逐渐明白过来：在这个名叫"杨雨晴"的女生大脑中，同时住着两种意识，一个是积极理性的主动意识、小雨，一个是消极懒散的潜意识，也就是我。

而这被我称为"神秘教室"的地方，则是人脑中尚未被研究透彻的"无意识"区域。

我恍然大悟，继而紧张地打断了小雨的话："可如果我们都躲进这里，杨雨晴八成就会完全失去意识，彻底陷入'脑死'！那意味着我们谁也活不了，拜托你还是像以前那样，让她从病床上起来，去读书学习、做个积极向上的好人吧！"

"你以为我没想过吗？"小雨对我的话嗤之以鼻，随即有些黯然，"我是被脑肿瘤压迫了重要神经之后，赶到这里的，现在好像什么都干不了！不过……"

说话间，她似乎已经完全变成了另一种人："我觉得这样也挺好，多轻松啊！假如我早知道在她意识里，还有这么安静的地方，也许就不用那么拼命了！像你这样时不时躲进来休息休息，过得有多滋润……"

简直不像小雨说的话，我从没听过比这更荒唐的言语，可事实摆在面前：一个是主动努力了N多年、关键时刻却吊儿郎当的小雨，另一个则是暗无天日的"死亡"——

夹在中间的是从没主动想过办法的我，现在，该怎么办呢？

办　法

"……无论如何，你都要活下去。"

犹豫之间，我听见病床前的妈妈在说话，那亲切的声音给了我力量，我于是认真看着不停嘲讽我"在杨雨晴脑中浑浑噩噩活了十几年"的小雨，赌气地说："想办法有什么难的，让我来！"

可话说得容易，想办法从不是我的特长，隔了几天之后，我依旧漫无目的地在杨雨晴苍白混沌的大脑中徘徊，根本无法找出激活她苏醒的能量。

这时我才想到，这么多年小雨总是这样地跑，真的很辛苦，而望着如今呆坐在黑暗里的她，我也深切地感到：这样"各顾各"的我们，真的太过孤独。

"小晴。"我听见什么地方有人在喊我的名字，努力找了一大圈才发现是陈赫来探望杨雨晴，他警惕地环顾四周，悄悄打开背包拉链，一只毛茸茸的头探了出来，"上次我就在想什么会让你高兴，应该就是这只流浪猫吧？放心，我已经把它洗干净了，你快醒过来看看，它有多想你……"

看来，那天他提前离开，并不是事不关己的冷漠，而是忧心忡忡地在想办法。

"别人都在努力，你凭什么不振作一下？"

我感激地看了陈赫一眼，打算借此机会，对小雨用下"激将法"，说不定她一生气就从教室里蹦了出来，可事实上，我却看见她惊慌地望着那只猫哇哇大叫："快把它拿开，我最怕猫！四岁那年杨雨晴去喂流浪猫，结果被抓得脸上、手上全是伤，你都给忘了？"

我当然记得，那件事之后很久我对猫都心有余悸，倒是小雨经常摆出若无其事的姿态，告诉我"猫也没什么可怕"，她的话让我一点点鼓起了勇气，渐渐忘了那些伤口和回忆，可我怎么也没想到，事实上她比我怕得更要命——

在她一次次告诫我、激励我的时候，又有谁在安慰她、保护她呢？

想着，我慢慢走回教室里，蹲下来，轻轻抱住了她颤抖的肩膀，在她呜咽的哭泣声中，充满歉意地说："对不起，我一直不知道，你撑得这么累。"

"我怕你知道我也这么胆小，我们就完了。"小雨的肩膀终于彻底放松下来，似乎在黑暗中我们更容易向彼此说出实话，"我当然也喜欢玩，喜欢交朋友，偶尔也想偷懒，可如果我们都那样做，杨雨晴的成绩会更差，爸爸妈妈会失望的……"

原来如此。她时刻与我较真，不是为了表现自己有多强，来反衬我有多弱，而是比我懂事，比我有承担，可也就是这样，她才压抑了这么久，以至于把自己都压垮了，不仅无法战胜病魔，更无法战胜自己低落的情绪。

所以，"是时候让消极的我来奋斗一下了！"

我用力抱紧了小雨，努力向教室外冲去，可不知为什么，总有一股无形的力量将我生生推回来，与此同时，我听见爸爸妈妈和医生的对话。

"即便做了这个手术，也不能百分之百保证她能够恢复。"医生的话吓了我一大跳，而接下来的话更让我和小雨面面相觑了很久，"脑部是人体最微妙的器官，医学至今没有研究清楚，因为是同行，我就说实话吧，很多时候，脑部手术就像一场赌博，比精湛的手术技艺更重要的，是病人自身的求生意识。"

"这是要我们两个合起手来，去抵抗病魔吗？"

谁能想到，有一天我竟会和别扭了这么久的敌手合作，更重要的是，这竟是她预谋已久的事！

"之前的不合作是我装的，我早就把什么都想到了，既然手术是个概率问题，那万一失败了呢？杨雨晴会变成同学口中的傻子，变成爸爸妈妈的拖累，就连你也会跟着受罪的。"小雨说着，朝我认真地点了点头，"所以只能靠我们联手来赢得成功！你绝不能再像从前那么拖沓，留给我们的时间不多了，你到底准备好了没有！"

"那还用问！"我顾不得生气她的狡猾，她也快捷地从我怀中跳下，两个人联手向教室外冲去，而这次反弹回来的力量似乎更大了……

加　油

爸爸和妈妈还在争执，一个说要保守治疗，一个说要马上手术，最后他们无奈地望向了"沉睡中"的杨雨晴："还是让她自己做决定吧。"

"怎么做？"我茫然地看了眼小雨，她也一脸焦虑地看着似乎永远不能冲出的教室，低下头想了想，最后抬起脸，毅然地说："看来压制我的力量越来越大，我们之中只有你能随意进出这里，只能全靠你了！"

"可是……"我的话还没说完，就被她推了出去："向着光跑，那是她脑部最活跃的地方，你要用尽全力去将其余部分也点亮，加油！"

我望着很远的地方，那点微弱的光亮，重重点了下头，朝那里拼命地跑去，这时杨雨晴也被推进了手术室，在脑部手术的同时，辅助医生也在她面前不停播放着她喜欢的音乐和画面，意图找出她脑部的意识活跃位置，可当里面播放出她平日喜欢的"巴赫""亨德尔"，或是复杂的化学推导公式，她却连一点儿反应都没有。

我知道原因都出在我，如果这一刻奔跑的人是小雨，她一定会快速找出这些符号对应的脑部区域，我懊恼地想着，脚步也渐渐慢了下来，忽然我听见外面换了音乐，是我最爱的爵士乐，眼前的画面也变成了盛开的花和玩耍的猫咪照！

我兴奋地随着音乐舞蹈，眼前的光也变得越来越强，这时我才明白，原来小雨说得并不全对：潜意识的我不完全受理智控制，不能去被动地追那束光，只有当真正开心时，所产生的快乐能量才会吸引来它找我，那些光也会变亮，最终唤醒受压制的小雨的意识部分——

"病人的瞳仁做出了反应！"

辅助医生大声叫着，向窗外的陈赫竖了下大拇指，他又做了一件好事，那是我事后才知道的，当时手术已经圆满结束，杨雨晴也渐渐苏醒过来，她和妈妈感激地向陈赫道谢，只有爸爸感到奇怪："为什么她平日不喜欢的东西反而会唤醒她？难道哪里又出了问题？"

"要不要告诉他真相呢？"我毫无信心，忐忑地拉了下小雨的手。

"算了吧，他也许永远不会理解的。"小雨朝我眨了眨眼睛，暗示彼此间的永恒秘密，就算是杨雨晴本人，也可能蒙在鼓里，"不过，我们还会像从前那样闹别扭吗？"

这个嘛，我还真不知道，只是我知道：就算偶尔会讨厌，但我一定会永远守在她身边，爱她，像她爱我、守护着我一样——

"因为我们彼此，缺一不行。"

晨风万里远相送，莹露滴滴伤别离

孟卓钺

1 晨风万里远相送

抱着比平时大了整整一圈的书包坐进校车，空气湿热，闷得胃里一阵翻江倒海，思绪渐渐飘出紧闭的窗外，飘回了未出发时的早晨。

四周人头攒动，几乎每个人都在窃窃私语，可是我默然。

今日不同于往常，是初一社会实践的日子。整个年级没有谁会心如止水。憧憬、向往、担忧甚至茫然占据了我心所有的部分，有些不知所措了。

校车一辆接一辆鱼贯进入校园，它们的下一个目的地是需要一个半小时车程的社会实践基地。

该走了，有那么一瞬间，忽然觉得离不开这里。

早晨的清风拂过面颊，带着几丝微微的凉意。好似额前的碎发遮了眼，我侧过头去环顾，体育馆前面的地上还有些潮湿；篮球架旁的大树依然挺拔屹立；校门前的大爷还是那身衣服依旧笑眯眯……

罢了，总会回来的。就让这晨风送走我的思绪，飘去万里。我在心里念道：晨风万里远相送，莹露滴滴伤别离。

089

致灿烂的你

2 看花不共教官言

提起社会实践的一个极重要的组成部分，非教官莫属。无论是初中还是小学，每次的社会实践或是军训，碰见的教官都是个性鲜明雷厉风行的。许是我运气好，参加这样的活动五六次碰见的都是慈眉善目的教官，唯有这次不同……

教官约摸三十来岁的模样，肤色微黑，中等身材，个子不算很高，但是很结实，面目普通，站立不动的时候腿稍微有些向外撇。穿着一件半新不旧却很整洁的军服，严厉得很。他有些不善言辞，几乎每次批评学生的时候都是一成不变的几句话，行事简洁，但较为严谨，有些许的苛刻死板，这是我能说出来的对教官最客观的印象。

虽然他只带了我们班不到三天，但是却给了绝大多数人又敬又畏的印象。在教官面前，整个班级就如同一个小小的封建社会，我们就是所谓的劳动者，教官就是所谓的统治者。劳动人民绝对要对统治阶级唯命是从，这是统治者的想法，然而放在劳动者心里就另算了。班里甚至有人要效仿五四青年节来定一个六四中学生节，以此来表达不满。不过这是刹那间的想法，转念思虑，如果不是教官的严厉，或许我们早已成了一盘散沙了。

训练基地的草地上仍有零星几朵老去的蒲公英，漫不经心的展开黄色的花瓣儿，不禁想起一句诗："看花满眼泪，不共楚王言。"虽然这很别扭也很奇葩，但隔着千年的时光，息夫人的想法或许和班里同学的想法不谋而合吧。

没办法，现在看来毕竟同学与教官之间有着很大的代沟，只能道：看花不共教官言。

3 明月入户梦还乡

月华如水，宿舍的喧嚣终于重归寂静。借着微弱的月光看了看手表，此刻是晚上十点十分。从床上坐起来，理了理一头乱发，便开始对着没有窗帘的窗户，悲春伤秋。

庭下如积水空明，水中藻荇交横，盖竹柏影也。苏子瞻贬谪之时身边还有张怀民，而我想家之时身边还有谁的陪伴？同学们细碎的鼾声渐起，无端地心底泛起了几丝剪不断理还乱的乡愁。听说过春愁的，也看见过秋思的，像我这般夏天就乡愁的，倒是鲜少耳闻了。

忽然想起了"明月何时照我还"。思乡情深，归期渺茫。过了千年，我竟也开始对月苦吟。光阴之间果然是没有缝隙的，不能造成隔阂，对于心照不宣的人而言，只是转念之间。不然，我怎能把那乡思感同身受。从古至今，总有那些不能归家的游子，将乡愁寄给月光。

眼角徐徐滑下一滴清泪，我连忙用袖子擦干净，心知再不睡觉明早肯定醒不来，便悄悄躺下，想了一下窗外夜色下连绵的远山，越发浅淡。合了眼心中便飘出几句歌词：

"远山浅浅浅连木华迷殇／夜夜夜笙凉／弦断／断断断去几许柔肠／声声怅……千载一梦付黄粱／封尘望／陌上桑……"

谁会在那远山之外为我奏起笙歌，谁会在千里之外抚琴断弦，谁会将那丝竹弦管声声惆怅？我乱乱地想着，终于进入梦乡。

梦里，是我那温馨的家，魂牵梦绕的家。

4 乐于助人之活动

可能是成长的过于迅速，抵抗力逐渐降低，"过敏"这家伙竟然跟上了我。成了同学和老师眼中"多愁多病的人"。所以在社会实践大家去登山的时候，我只能默默地随着病号大队留下来，在基地里宾馆大堂的沙发上神侃，或者在方圆一百米之内没头苍蝇一样地乱走乱跑，试图驱赶走小病，锻炼好自己的身体。

令我兴奋的是：中午有野炊，属于一连的野炊。食堂大妈早早就把桌子抬出了食堂，蓝色的塑料箱子也早已放在了桌子上，桌面上的油渍怎么也擦不掉，看上去腻腻的。十来个老旧的沾满了铜锈的铁锅摞在一起，粗铁丝的架子下面杂乱无章地扔着一堆堆松针，大袋子里装的黄瓜互相排挤着。在我的视线里，几位穿着迷彩服的大妈正手忙脚乱。

我们班的病号队伍有六个，都是有爱心的好孩子。于是大家就提议去帮大妈摆桌子。闲着也无聊，不如做点有意义的事情，学习学习古代的江湖儿女拔刀相助的义气。

大抵是能够这么帮忙的人鲜少耳闻，食堂大妈都开心得很。连忙拆了装黄瓜的袋子交给我们去分配。开始是一个桌子八根，一共十八张桌子。但是每个桌子都放完了之后袋子里居然还留有将近一半的黄瓜。其中一个染了褐色头发的大妈坐在地上，算了半天也没算清楚还要在每张桌子加上多少根黄瓜。于是我们的数学学霸揽下了这个任务，轻松算清。于是，每张桌子又加了七根黄瓜。

其实"病号团"的实力不可小视，比如说一位是交际能力较强，一位是数学学霸，两位是课代表，还包括很有艺术细胞的同学，还有像我这样负责把他们的优点都记录下来的写手。

帮大妈们做好野炊的一切准备，我们就开始打探消息，野炊究竟有啥好吃的。还是那位褐发大妈说，野炊吃黄瓜炒鸡蛋，教官会做的。另一位黑发大妈说，六十个人围着一张桌子野炊，看教官炒黄瓜。

好了好了，乐于助人之后是打探到很有用的消息没错，可我突然没那么想野炊了。

5 记忆之沧海遗珠

又是一个早晨，我站在人稠物穰的操场上，空气越发的湿热，仿佛山雨欲来。比起来时的茫然，现在的我更多了几分从容与镇定。

终于，要回家了啊。莫名的心情很好。看向大家，眸光中都透着几丝释然。纵使天气阴沉沉的，气氛也十分轻松愉悦。可是心底竟然又隐隐生出几分不舍，虽然只是几分，恍然间又想吟诗了。

杜甫的《闻官军收河南河北》："白日放歌须纵酒，青春做伴好还乡。"那么我就说"白日放歌须饮水，青春做伴好还家"吧。越千年，总有一些是不一样的。

三天的社会实践活动结束了，一切都要回归正轨。校车缓缓发动，隔着玻璃窗最后望了望这个接纳我们三天的训练基地，微微一笑，也许以后再也不会有机会回到这个地方了。这最后一眼回眸，算是在记忆里留下的印记。

司马相如曾经给卓文君写过一封短短几个字的家书：一二三四五六七八九十百千万。独独没有"亿"，那是因为君心淡漠，已经没有"忆"了。然而今日，我却要对这社会实践说，一二三四五六七八九十百千万亿，就算没有前面的字，也不可能少了最后的一个"亿"。

因为对这里的记忆，不会忘记。如果我的记忆是一片湛蓝的深海，那么社会实践就是海里的鲛人落泪成的明珠，即使坠落在海底，也不会掩盖去它的光泽。

它，是我们成长路上的一段历练，一段行程，是人生中一粒珍贵的沧海遗珠。

致灿烂的你

舟可温

不知道你们少年时的班级里有没有这样一个女孩子，她长得不算太丑，不算自闭，但总是很沉默，坐在班上最不起眼的位置，和每个同学都只是点头之交，所以她经常是被班级的小集体无意识排斥的。老师喊她起来回答问题时，总要先翻一下点名册。组织活动，她是最容易被遗忘的一个。课间的时候因为没有玩得来的朋友，只能趴在位置上写啊算啊，成绩却依然不上不下……

能交心的朋友经过时光洗礼寥寥几个，十七岁生日的时候，她收到了几份生日礼物。一个很文艺的杯子，一本很厚的印花笔记本，以及带有金浩森签名的新书《人山人海里，你不必记得我》。过零点时，她对着这些礼物在心底默默许了一个很俗很俗的愿望：要勇敢，要开心。

因为她的朋友总是在她耳边说，苏意，要开心哦。你看，连旁人都看得出，在满打满算的十七年里，她过得并不开心。

朋友描述她："没有大喜大悲，很平淡，看上去高冷到不行。"

她闻言有些怔悚，喃喃，因为太孤独了啊。

最孤独的时候，一个人吃饭，一个人走路，一个人读书，一个人睡觉，晚上对着空荡荡的宿舍，总觉得被什么压得喘不过气，拼命地哭，哭得眼睛红肿，甚至怀疑人生，可就是再难受，第二天一早还是要擦干净脸，按时起床，新的一天又开始了。

大人答应的事情，到最后总会出现各种各样的原因而变卦；好不容易攒够了钱，想要的东西已经被别人买走；努力了好久的考试，成绩出来时依旧不如人意；写的东西被身边的人否定；明明很想要融入人群，却发现人群一直在排斥她；喜欢了很久的少年其实一直在讨厌自己。

可其实啊，这些都是一些很小很小的小事，甚至，带着点儿偏执的主观臆想。

家里装修，妈妈扔给她一个大箱子，让她好好整理自己的东西。她笨拙地去收拾，却出乎意料地从床头的暗格里翻出好几本日记，纸张因为受潮已有些泛黄。

那时候的她，笔迹真的让人不敢恭维，稚嫩的话语不一而足——父母又吵架了，好讨厌某个人，老师偏心，那个好看的少年今天多看了她一眼，不喜欢做的事情，喜欢的杂志又被卖光了的愤慨和难过……那时候的情绪简单而直接，热烈而露骨。看着看着，她忽然有点儿想哭，又有些不知所措地笑了。

她抚摸着上面死丑死丑的字迹，那时候的孤独是真的孤独，一个人走在大街上，看着流淌的人群，有些惶恐，有些不安，担心自己的一辈子就这样了。

然而时间平坦地走过，某一瞬间，她突然发现现在的自己，并没有像从前想的那样不好，而且好像还更好了。

成长了一点儿，勇敢了一点儿，坚硬了一点儿，那些惶恐入骨的孤独，慢慢地淡化了。

"认识你自己"被贤人刻在碑上，那是前人豁达而高超的智慧。

前些天和朋友通电话，朋友问她：你对现在的生活满意吗？

她站在阳台上，天边云蒸霞蔚，三角梅落了一地，被微风轻轻卷起，有种肃然的美丽。

一直很满意。她轻轻回答。

这个"她"说的是我，但也有可能是你们每一个人，那些艰辛而孤独的日子，留在内心最深处慢慢咀嚼，却并不觉得后悔。

就好像《我的少女时代》里林真心说的，长大以后，你会后悔没多吃一点冰淇淋，没多谈几次恋爱，没对讨厌的人更讨厌一点，对喜欢的人更喜欢一点，可是，这样的你，还是很好，还是很勇敢，还是很天真。

是的，哪怕总是在失望，总是被孤独蚕食，看不到未来，怀疑人生，可是你不要着急，不要难过，因为有一天你会发现，这样千疮百孔的你，还是很好。

七 年 之 暖

单 尊

1

我从来都不跟人吵架，因为我很清楚我永远吵不赢。所以当他们把我的鞋子丢进垃圾桶的时候，我由着他们去，当他们在我的作业本上涂鸦的时候，我也一声不吭。但要是真遇上我心情不好的时候，我就一定会像条猎犬一样猛扑上去跟他们大干一架。我扯他们头发的时候，他们疼得直喊爹妈，当我咬他们手臂的时候，他们忍不住哭了。

他们一哭，我就会心慌，并且一度质疑自己是不是真的过分了一些，就像我也一度揣测他们在欺负我的时候是不是也会稍微动一下恻隐之心？然后我松开了原本正紧紧拽着大胖的领口的手，把停下来的这几秒钟时间用来皱眉和思考，之所以只是几秒钟，是因为大胖趁机打了我一拳，他的手很有肉，估计平日里吃两碗白饭的习惯恰巧也在此时发挥出最大的作用。因此，那一记肉拳，重重地打在了我的左脸上。

骆铭很喜欢看我打架，原因不明，而且他也从不帮我，却一直在边上喊着"叶芙初加油啊"，脸上可能还会带着笑，而他的语气就像是在为一场校运会的运动员们打气助威似的。

我的蛀牙被大胖打掉了，牙龈还在流血。

我抓着我的蛀牙，朝着大胖歇斯底里地吼了一声，然后我从他身上下来，最后一脸愤怒地让他滚。他好像也被我吓坏了，起身就跑。其实我心底里是很感谢他把我这颗蛀牙打掉的，我就再也不用忍受那钻心的痛感了，但我得给自己找一个台阶下，好让这场架快点结束，所以才以这个为借口轰大胖走。我总不能说，大胖，我不打了你走吧。这样的话他说不定会以为我认输了，那肯定不行啦。

听说，下牙掉了要扔屋顶上。于是我朝着屋顶翻了个大白眼，偏要将我的坏牙收集到我的专用玻璃瓶里。要是以后我讨厌谁，我就把这个玻璃瓶寄给他，就算不能吓死他，好歹也要让他享受一下恶心干呕的滋味。

骆铭的声音从后方渐渐传来，过了一会儿，他的手便毫无芥蒂地搭到我的肩头上来，他说："叶芙初，你今天心情好像很差哦，打架都打到停不下来。"

我不回话，随即狠狠地瞪了他一眼，谁要是中午没有好饭好菜吃，只能干啃早上剩下的馒头，下午还要上一堂数学课和一堂体育课，到了太阳下山的这个时候，谁还有心思跟你废话。而这一次我没有打到大胖求饶的时候就放人，也是因为我已经饿到没力气了。

我没有再搭理骆铭，低头快步朝着我家的旧屋走去。天边的夕阳当然是红的，而石板路上的青苔在昏暗的阴影里变得黑压压的，我胡乱地抹干了眼泪，蹦蹦跳跳地奔向了麻将声的源头。

02

当叶芙初从十岁的蛮力女孩儿长成了亭亭玉立的大姑娘的时候，我的坏牙专用玻璃瓶在岁月推移的过程中不见了，而我妈妈开的麻将馆却仍然屹立不倒，邻里乡亲还是喜欢来我们的小小麻将馆里消磨时间。

忘了说，被大胖打掉蛀牙是我目前人生里的最后一场架。那一场架我没有输，至少如今大胖成了我的左膀右臂，可能是被我打怕了，也可能是回想起以前他们结伙的所作所为而感到惭愧。不过我叶芙初从不追根究底，毕竟大胖有心浪子回头已经很难得了。

但是我深知大胖讨厌我的原因是什么，当时他的父亲来麻将馆里打麻将，结果输掉了大部分私房钱，包括答应给他买玩具的钱。气急败坏的大胖无处撒气，便只能将矛头指向了手无寸铁的我。所以，他集结了好几个小伙伴，开始对我的东西动手动脚，我不反抗，他们就得寸进尺。

他们从来都想不明白我为什么一句话不说，只坐在座位上不屑地瞪着他们。

回忆至此，我将目光从窗外的紫薇花上抽回，转而看向了坐在我旁边啃包子的骆铭。他把书端端正正地立在课桌上，一会儿低头咬一口包子，一会儿含着包子假装正很认真地看着黑板听课，然后趁着老师没有注意到他的时候再细嚼他的包子，有时候还会喝上一口纯牛奶。

他每次都会给我带上一份，可是我没有一次领他的情，以至于他常常要吃上普通双人份的巷口热销的包子。幸好他胃口够大，从来没吃撑着，只是吃包子的过程稍微有点辛苦，因为他太斯文。如果是简单粗暴一点的吃法呢，肯定会更快也没那么地煎熬。

如今的我和骆铭没有成为好朋友，我们之间还是不怎么说话不怎么沟通，即使他是最早知道我的秘密的人。

再回到那个黄昏里去。

骆铭的声音从后方渐渐传来，过了一会儿，他的手便毫无芥蒂地搭到我的肩头上来，他说："叶芙初，你今天心情好像很差哦，打架都打到停不下来。"

他还说："叶芙初，我知道你不爱说话是有原因的，不过我会替你保守秘密，而且以后你在我面前也不用担心说话结巴而被笑话。"

骆铭说这句话的时候，语气平和目光虔诚，他站在落日的余晖里，歪着头傻笑，像个善良的大人，而我的心底也由此滋生出感动和感激的幼苗。

但是，口吃这种东西始终是藏不住的，日子一久，大家还是知道了杏花街上开麻将馆的女人的女儿是个小结巴，她说起话来的时候脸涨得通红，每一句长话都说得断断续续的，听的人多少会觉得有些费劲儿，于是部分尚未开窍的同龄人一旦瞅着机会就笑话她。

大胖就是在这个时候无比英勇地站了出来。

实际上我并不害怕，所以我也并不很需要保护，我只是很懊恼，但这对我的口吃有害无利。

3

这七年来，大胖一点儿也没有变瘦的迹象，却长成了一个出奇好看的胖子，真的。而我还是像当年那样一副瘦不禁风的样子，力气却因为常年缺乏锻炼而变小了许多，所以两个现在的我未必能打得过一个现在的大胖，幸好，我们早已化敌为友，甚至成了要好的朋友。

现在的我已经能比较流利地说话了，而且兴奋的时候还会说很多话，生活在杏花街上的人们也能接受我几字一顿奇怪的说话方式了，而且当我朝着他们笑的时候他们还会夸我是个可爱的女孩子。我妈为此高兴了好久，还坚定地认为这是大胖的功劳，甚至还说了以后大胖他爸他妈如果来麻将馆里打麻将的话，绝对不抽他们的水。

其实并不完全是那样的。

如果不是我的心里住着一个骆铭，我不会迫切而倔强地想要变成最好的我。

骆铭，老师，叫你。

骆铭，谢谢。

骆铭，离我，远点。

骆铭，走吧。

在每个月光如水的夜晚，伴着楼下吵闹的麻将声和旁边这台快要坏掉的收音机里的音乐，我无所顾忌地大声念着课本上的大段文字以及骆铭的名字。很多次我都觉得，把这本书吃掉都比字正腔圆地读它要轻松得多，最后我还是安慰自己说，叶芙初，你只是饿了而已。

有时候在我准备下楼找吃的之前，就会听到大胖在楼下门口喊我。我打开窗户，探着头往下看到他骑着山地车，手上拎着巷口大排档的炒面。于是我欣喜若狂地套上拖鞋跑了下去，正在麻将桌上一决高低的大人们没时间注意我。

六月初的这天晚上，骆铭也在，他在我刚好走到大胖的面前的时候出现了。他也骑着一辆山地车，手里拎着几块钱一盅的炖汤。他一见我，立马热情地跟我打招呼。我心平气和地看了他一眼，什么话也没说。

如果不是在这样一种奇怪的氛围里吃了一顿消夜的话，我想我可能要等到很多年后才会发现其实大胖是骆铭的表弟。我睁大眼睛，咽下一口拉面之后，我问他们，"你们为什么从来都没说过？"

大胖说："我一直以为你是知道的。"

骆铭说："原来你想听啊。"

我想听，我还想说。

但是我说话的样子太窘，所以我才很少在你面前说话。不敢跟你靠得太近，害怕不小心就被你看穿了马脚。因此当你主动和我坐到一桌的时候，我低着头没有看你；当你说要撑伞送我回家的时候，我宁愿淋雨也要拒绝你；当你跟我讲笑话的时候，我心乱如麻没有认真听才总是面无表情地看着你。

那天晚上我主动和骆铭说了再见的时候，他又惊又喜地笑了，然后他朝我挥挥手，眼睛里有清亮的光。大胖的手轻轻地拍拍我的脑袋，一如既往地鼓励我。

4

"路途遥远，亲爱的，我们在一起吧。"骆铭趴在桌子上，笑嘻嘻地说出这句话，我好奇地看了他一眼，却发现他原来是在讲电话，我看着他的时候他刚好也望了过来，他的笑容还定格在脸上。此刻的我是有些心虚而慌张的，但是我仍然故作镇定地与他对视。他的眼睛闪过狡黠的光芒，然后他二话不说就挂断了电话，立刻又恢复了他那一副玩世不恭的样子，并且将脸逼近我的，"叶芙初，你干吗偷听我讲情话呀，以前跟你说话你还不爱搭理我，现在是起生理反应了吗？"说完，他自顾自地哈哈大笑起来。

"不是。你的牙齿，卡着菜叶了。"我尽可能让自己不要着急，缓慢而清晰地说出了这句话。说完这句话的时候，我默默地松了一大口气，因为它并没有让我听起来像是一个口吃多年的女孩儿。叶芙初，你做得很好。

我一直觉得，人多聚在一起吃顿饭是挺好的，一起做一些富有生活气息的事情也挺好的，就像我和骆铭一起吃过一顿消夜以后，我们的关系不再那么僵硬了。

从骆铭的表情看来，吃惊的成分多于尴尬。他嘴上不笑，眉眼却仍然带着鲜活的笑意。他捂着嘴巴在我耳边悄悄地问："那你有没有带镜子？"

我摇头，随即指着他手机上的前摄像头提醒他。

"怪不好意思的。"骆铭说完，上课的铃声一响，他便缩回他的座位里，然后歪歪斜斜地靠着墙壁，像是与我画起了三八线似的，变成了一个闷葫芦。我在心里偷笑，他还真信了自己的牙齿里卡着菜叶这回事。我只不过是想稍微转移一下他的注意力，要不然他一遍遍追问我的话我肯定会红了脸和耳朵。

上课到一半的时候，趁着科任老师转过身写板书的时间，坐在最后一排的骆铭猛地溜出了教室。以这七年来我对他的了解，他应该是忍不住到厕所清理门户去了。

十分钟后，骆铭回来质问我为什么要骗他。

"可能，被你，咽下去了。"狡辩完之后连我自己都惊呆了，于是我不由自主地笑了，并且连忙拿起课本挡住自己的嘴巴以降低音量。

"没想到你竟然是这样的人。"骆铭模仿遭人背叛的善良小主讲话，就差没有喝口毒酒为后宫献身了。

我日渐开朗起来，甚至提升了幽默感，大部分要归功于放荡不羁吊儿郎当的骆铭。大胖为我感到高兴，却也指责我以前不和他做朋友都是因为我的偏见。

当然不是偏见，骆铭那颗柔软真诚的心早在七年以前我就见识过了。我甚至花了七年的时间将他刻进我的心里，让他成为我喜欢的男孩子。可是，站在光亮的地方望向漆黑之处，他真的能看到我吗？

<h1 style="text-align:center">5</h1>

听说，骆铭打架了，走道上里三层外三层都是看客，却没有人敢上去劝架。而我从中午等到日落，骆铭的书包还在教室里，却迟迟不见他回来拿。值日的同学都走光了，而我无奈地扫视了一眼空荡荡的教室，最后还是决定先走一步，但就在我站起来整理书包的时候，骆铭却神采奕奕地回来了。他的颧骨上和下巴上都有伤口，我偷偷地瞥了他一眼，丢下几片创可贴就要走。

"喂——"骆铭皱起眉头，声音响亮地说道，"叶芙初，我可是为你受的伤啊。"我回过头，一脸不解地看着他，"为什么？"

"他们说你坏话，我就替你扁了他们一顿，挑完一个再挑一个，够义气吧。"骆铭说完还沾沾自喜地笑了，感觉赢了世界正威风着呢，可我并没有如他所愿夸奖他或者感谢他，十岁以后的叶芙初就已经知道蛮力不能解决问题根本的道理，十七岁的骆铭不可能不懂的。

晃过神来的时候，我一本正经地告诉骆铭："以后别打架了，我自己能打。你只要像以前那样，看着我打就行了。"因为大胖在不久之前告诉过我，小时候每次他跟我打完架，在回家的路上都会被身为表哥的骆铭狠狠地教训一顿。大胖第一次跟我打架是因为他的父亲在我家的麻将馆输掉了原本要给他买玩具的私房钱，于是他迁怒于我，第二次第三次却是因为骆铭总是不帮他反而帮着我这个外人，所以又迁怒于我。

最后，当大胖也发现了我口吃的秘密之后，他才大概明白了骆铭的用意。骆铭说："好歹人家叶芙初也是个女孩子吧，你长这身肉就是上天的恩赐，是你保护女孩子的法宝啊。"所以后来的大胖成了我的朋友，直至现在。

"你还记仇呢，不会是因为我没有帮过你，所以你才这么讨厌我吧？"骆铭一副惊呆了的表情，看着天色渐晚，他拎上书包示意我一起回去，我跟在他的身后，急切地想要解释。

骆铭抓着创可贴一路走着，下楼梯的时候他忽然笑了，然后他转过脸来，我的眼睛里只看到他明晃晃的两排牙齿。他说："我的脸上多半是瘀青红肿，用不着贴创可贴的。"我定睛一看，好像还真是这样。

骆铭一边继续往前走着，一边自顾自地说话："刚刚有两个男的说，你说话的时候样子很搞笑。我本来也不想搭理他们，谁知道他们越说越起劲儿，竟然还模仿你来嘲笑你，这简直不能忍你说对吧。很久以前光看你打架不帮你，是我觉得那样的你真实又勇敢，你总得学会自己保护自己吧。但是谁也没想到，我竟然在你身边待了这么多年。"

"你不用说谢谢，我只是为了保护我喜欢的女孩子而做了自认为不后悔的事情。不过，说真的，叶芙初，你一点儿也不觉得我可爱吗？"我们走到一棵香樟树下的时候，骆铭忽然间停下了脚步，他脸上的笑容消失了，可是慢慢地我已经不害怕看他的眼睛了，我和他久久地对视着，是我先笑了，"嗯，是很可爱。"

"那你喜欢吗？"骆铭追问。

"嗯，我很喜欢。"我坚定地回答他。

骆铭应该是听到了自己满意的答案，他站在落日的余晖里，像七年以前一样，歪着头傻笑，但是现在的他，已经是个善良的大男孩儿了。

我要慢慢地拔掉心底自卑的种子，让自信的幼苗苗壮成长，我还要唱歌，学习绕口令，在喜欢的人面前肆无忌惮地大笑和畅谈。我相信，不久以后的将来，我会变成更美更好的我。

有一段时光，只有我们知道

　　我有了新的朋友，也换了智能手机，可惜手机里没有贪吃蛇和俄罗斯方块，每当他们发来一张笑脸，我还以为是你在叫我一起回家吃饭。

　　很奇怪，我会莫名地想起那年的新年晚会上，你哑着嗓子唱的那首《再见》，歌词里说，"我会牢牢记住你的脸，我会珍惜你给的思念。"

　　有一段时光，只有我们知道。

十 年 之 痒

卧 卧 熊

1

之前电影院里几个关于闺蜜们的电影大热，其中尤以《小时代》为最。我没有赶上那个热潮，等我在电脑上看到那部电影的时候，已身在远离家乡的异地。

电脑屏幕里那四个个性迥异的女孩儿们经历着各种悲欢离合，从校园到都市，从梦幻到现实，从误会到原谅，从互相伤害到相拥而泣，一幕幕，无一不让我想起我的那些闺蜜们。虽然没有电影里那么精彩，那么轰轰烈烈，但我们同样经历了很多很多，我们在彼此长达十年的时光里坚定在彼此心中留下不可磨灭的印痕。

电影中，她们四个人身在罗马的，彼此欢声笑语的那一幕就像是一道闪电击中了我。我忽然想起来，十年的光阴里，我们竟然从来没有一起出行过。

那一刻，我心痒难耐。于是，我给她们打电话，我说，闺蜜们，你们愿意陪着我一起疯狂一次吗？

所谓的疯狂，不过是我们将计划已久的闺蜜之旅付诸行动。双鱼座的我身为浪漫主义的代言人，很快地便做好计划，将目的地定在了厦门。

有人说厦门是一个情侣约会的圣地，还有人说厦门是一个适合闺蜜们去的地方，不论哪种说法准确，当我们四个人踏上厦门的土地时，仍然被这里完全不同于湖北的景色所震撼。

如果说湖北是一个四季分明，冷热交替的钢筋水泥森林，那么厦门就是一个四季如春，温而不燥的海上花园。

环岛路上一排排凤凰树，棕榈树枝叶常青，沿海的白沙滩上或坐或躺着姿态悠闲的旅人，蔚蓝的大海裹着洁白的浪花温柔地拂过沙滩，风中飘散着清甜的芒果香。

一切的一切似乎都在对我们说，慢一点，可以再慢一点，仿佛时光也放慢了脚步，想要停留在这里。

我们几个人脱了鞋袜，在沙滩上欢呼雀跃，尽情绽放着自己压抑已久的心情。迎着海浪，伴着海风，追逐着那个名为快乐的东西。我们像六岁的小孩，在沙子上画画，堆砌城堡，写着××我爱你，然后看着海浪上涌，将一切抹平。我们乐此不疲，像是只要这样就可以将我们心中那些烦恼、忧愁、不愉快尽数甩开。

我们骑着租来的单车，沿着环岛路慢慢地游走，时停时行，累了便在街边卖芒果的小摊上切几分香甜的芒果解渴，闺蜜歪歪一脸喟叹，恨不能永远住在这里，与蓝天清风芒果为伴。

闺蜜吉吉笑着拿相机拍下一个个瞬间，我们互相拉扯着对方的脸颊，做出彼此认为最夸张的鬼脸，用属于自己的方式铭记下这难得的旅程。

我们一字排开躺在沙滩上，海浪轻柔地抚摸着脚踝。我踢了踢身旁的闺蜜——，她心领神会地开始唱歌。我恍惚就想起了我们高中的时候，那是一次期末考结束，因为最后一门是英语，我们早早地出了考场，相约着去KTV唱歌庆祝，当时，她唱的也是这首歌。

我不知道下一个十年我们在哪里，会怎样，我只知道这一刻，我们深切地爱着彼此。

3

如果说厦门的标签是鼓浪屿，那么曾厝垵这座海滨渔村则是厦门一道亮丽的风景。

闺蜜歪歪拉着我们跑到曾厝垵的时候，正是晚上，曾厝垵灯火璀璨，五颜六色的店铺，招牌，以及各种纯手绘画，将这个不起眼儿的小渔村装点得如同一个热闹的水晶球。

什么叫文艺？什么叫小清新？

这座小渔村里，每一块砖，每一块瓦，每一个招牌……都完美地诠释着这两个词。我不知道定居在这里的人都来自哪里，我只知道，他们将自己的创意发挥到极致，将文艺小清新一点一点倾注在这里的每一个店名，每一个牌匾，每一个客栈，甚至每一个咖啡馆、艺术品店上，这里没有高楼大厦的浮华，也没有熙熙攘攘的人群，这里有的只是那份悠然自得的心情。

我们兴致勃勃地漫步在这个文艺气息浓厚的大街小巷，走走停停，闺蜜——却一反常态地站在一家店门口止步不前。

我们驻足抬头，就看到了那家店的店名——伤心面馆。

闺蜜——说，我想进去吃碗面。面端上来，触目惊心的红艳，一个字：辣。我跟歪歪、吉吉面面相觑，谁都不敢下筷，唯有——，一边吃，一边泪流满面。

我们知道，她不是怕辣，她只是想起了她的前男友。

临下飞机前，她还在咬牙切齿地对我们说，两年前有个人答应陪我一起去厦门，这就像是一个梦，在我心里沉淀了两年，而如今，那个人已不在，我却要自己踏上这趟旅程。我一定要开开心心，多拍几张照片，然后发微信告诉他，你以前答应陪我去的，老娘如今自己来了，所以你滚一边去吧。

我们几个人当时在一边笑得前仰后合，可是现在，我们只能静静地抱住她，让她知道，她还有我们。

我没有告诉过任何人，这次决定去厦门，一半的原因是因为我知道她那个关于厦门的梦想，我想告诉她，就算没有男人，我们也会一直陪着她，而她，值得遇到更好的那个人。

4

吉吉说到了厦门不去鼓浪屿，简直不算来过。

厦门到鼓浪屿还有一段距离，我们几经波折到达游客专行的东渡码头时，太阳已隐去一半的脸庞。蔚蓝的大海上波光粼粼，整个世界仿佛都在那一刻被描上了华丽的金粉，我们站在围栏旁，看着越来越近的鼓浪屿，仿佛是在通过一条水晶铺就的路，通往童话中的城堡。

鼓浪屿上遍布色彩斑斓、造型独特的欧式建筑，大街小巷都充满了南洋风情。绿色的藤蔓爬满墙壁，台湾特色小吃街上全都是让人垂涎欲滴的食物，虾扯蛋，大肠包小肠，蚵仔煎，章鱼脚，芒果沙冰……食物的香味混合着水果的清甜让整个鼓浪屿充满了温馨。

路边择菜的老人坐在墙檐下冲着我们微笑，一只花色斑驳的流浪狗欢快地摇着尾巴为我们领路。大街小巷都是不知名的植物，缀满各种各样的不曾见过的花。

这里与世无争，没有网吧没有迪吧，没有车水马龙，也没有浮躁繁华，这里有的只是悠扬的琴声，幽静的小路。

一一的心情渐渐平稳，歪歪兴奋地拉着我们的手，想要再沿海绕着鼓浪屿走一圈。不知道从哪里传来清丽的女声，伴着吉他唱着一首不知名的英文老歌。

我们一路行走，一路迷失，听完涛声，听着琴声。

夜色温柔，大海似乎也放慢了脚步。对面霓虹闪烁，灯火通明，这里却星星点点，像是一个遗落凡间的梦境。

我们坐在旗山公馆楼顶的花园里，一边喝着好看的果酒，一边聊天看星星。我们聊到了那些回不去的曾经，也聊到了那些到不了的将来。我们想起了过去的开心与不开心，我们互相为那些下落不明的误会道歉，然后互相安慰着彼此会陪伴彼此直到永远。

我们中有些人实在，有些人天生情商就很高，有些人智商无上限，有些人就是平平常常呆蠢萌。我总害怕跟那些看起来很有心思的人打交道，因为我觉得我不够聪明，也不够圆滑，我情愿神经粗一点，然后做一只蠢趴趴的熊。

生活似乎就因为这样那样的原因，把我跟这样那样的人排列组合在一起，然后我们成了朋友。我总是很着急很着急的做许多事，我着急地离开，着急地去寻找属于自己的未来，甚至不惜为此远离故乡，远离你们。

而这个城市却用它独特的方式告诉我，其实我可以不用那么着急，我可以慢慢来。

那么，我想说，亲爱的朋友们，我认识你们很幸福，尽管，我们也曾这样那样的不愉快，不过这么多年，感谢有你们。

此时此刻，我庆幸，有你们陪我一起迷失在这座梦幻岛上。

不是所有候鸟，在北方都有个家

七 天

1

时隔很多年，我还是记得男孩子第一次向我表白的场景。那是初一的一个夏天，我跟包子姐放学回家。被堵在一个小胡同里，堵住我们的那个男生，圆嘟嘟的脸，肥胖的小身板，指着包子姐身边的我，说，姑娘，搞对象不？

男生的话把我问蒙了，完全不知道搞对象是什么意思。

只有包子姐反应飞快，拎小鸡一样把我护在身后，像个正义的小斗士一样，对那个男生说，走开！我们家小梦是好学生，小梦不谈恋爱的，你想谈恋爱找别人去呀。

我当时灵光一现，终于明白了搞对象就是谈恋爱的意思。但在我情窦初开的年纪里，我的初恋就被包子姐以这种方式扼杀在摇篮里了。

在今后好多年里，每每想到那个和我没谈成初恋的胖圆脸，我对包子姐就有种恨恨的感情萦绕在心中。

包子姐何许人也，这说来话长。包子姐和我算是发小，她家是卖包子的，在我还穿开裆裤的时候，就经常去她家吃包子。包子姐家的包子在我们的小城算是一绝，所以我就叫她包子姐了。

2

包子姐只大我一岁，但发育很早，出落得亭亭玉立。我更是天天和她厮混在一起，做了好多混账事儿。

就是初一那年，包子家长被叫到教师办公室一顿数落，要说包子妈性子暴烈，一言不合就和办公室里三个老师打起来了。

三对一，包子妈妈竟然在这种劣势之下抓了我们科学老师脸上一道血口子，最后成功脱身，骂骂咧咧地走过我们教室门口。全班都抬起头来给这个英勇的女人行注目之礼，比升旗时行得都认真。

从此以后，这件事情就成了我们班一件不能提的秘密，老师三缄其口，学生更是不能多言。

一直到某一天，我们语文老师要我们每个人都给自己的老师写一封信，在所有的老师您辛苦了，老师您是辛勤的园丁，老师您的奉献感动了所有人这类信件中，我的独具一格。

我用独到的比喻，生动的语言，说老师和家长动手的不可取性，最后尖锐地做出批判，老师，亏您还为人师表，这么做和泼妇无异啊！言之切切！

老师把我叫到办公室的时候她在烧枣子泡茶喝，我进去的时候她刚放一颗枣子在火炉边上。

等我出去的时候，不仅枣子烤好了，香喷喷地漂在玻璃杯子里，我也被收拾得妥妥帖帖，脸上四个鲜红的巴掌印，清楚地印证了老师的办事效率有多高。

3

包子姐看我进教室时四个巴掌印就明白了一切，她用她纤细的胳膊，拍了拍我稚嫩的肩膀，从今以后，有我包子姐吃的，就不会饿到小梦你。

从初一开始，我就正式跟包子姐混了。包子姐帮我教训的人不少，但就帮我拒绝过一个男生，因为总是有男生率先喜欢包子姐。

说实话，包子姐比我漂亮多了，丹凤眼，锥子脸，一头乌黑的长发，活脱脱一个小刘亦菲，跟她一比，我就像朵干瘪的小雏菊似的。

所以小圆脸是唯一一个越过包子姐看上我的人，就凭这份真挚的情感，我就得恨包子姐一辈子。

初二的时候，包子姐和我不在一个班级了。她在七班，我在一班。但每天放学了，我都会在车棚等她一起回家。有一阵她回得特别晚，她告诉我，她现在是一个小团体的头目，叫十四飞凤，顾名思义，有十四个女生吧。

下晚自习我们骑单车回家，我永远记得她冲我得意地笑，以后有谁欺负你，我就给你打回去。

然后，我还真受欺负了，好像是一个女生值日的时候给我耍脾气。包子姐知道了以后什么也没说，直到第二天那个女生来上课，我见她一直趴在桌子上啜泣。

嫩绿的长外套被撕破了，露出里面白白的毛衣，头发也给弄得乱糟糟的，一瞬间的茫然与清明，我觉得这事是包子姐做的。

4

但是这个女生平时人品不好，也可能是别人打的。这件事折磨了我好久，一放学我就收起书包等包子姐出来，我问包子姐，是不是她干的，包子姐看了看我，这不是我做的。

我心里一松，有种如释重负的感觉。

是我找别人做的……

但是教训了别人以后我仍然惴惴不安，一方面这么小的一件事那个小女生就付出了如此的代价，我于心不忍，另一方面我觉得自己变坏了。

很多年后，在另一个陌生的城市，我哭过笑过，却再也不怕一个人，不论是欺负别人还是保护自己，都自己来。我想，这就是所谓的成长吧。

包子姐继她们家的包子以后，她打架又成了一绝。她一学期打架的次数和她考倒数第一的次数一样的多。初二以来，我也没少和她瞎混，从小我就文科好，理科差得一塌糊涂。

所以说当我妈拿到我半江瑟瑟半江红的成绩单以后，彻底发怒了。当天晚上在我家，当着包子姐的面，啪啪给了我两巴掌。我登时感觉脑袋就蒙了，然后捂着肿着老高的脸冲出了家门。

包子姐跟了我一路，最后我跑不动了，在我们街门口，抱着那根电线杆子哭得一把鼻涕一把眼泪，中途想跟我初恋未遂的小男生骑着自行车从我们街口过，看见我的熊样，丢了自行车跑过来。

"小梦，你咋了，谁欺负你了？"

我看着这个曾经是球体的小男生，现在长得比我高了一头，瘦了好多，清秀了不少，顿时就感觉自己在大街上抱着电线杆子这个样子有多么不雅，包子姐这个时候八成懂我的窘境，她回头就凶了那个男生一嘴看什么看，滚！

然后拖着哭哭啼啼的我向另一个方向走。

5

那天晚上我被包子姐安置在了她家里过夜，包子姐的妈回来了，包子姐家没有我睡觉的地儿了，包子姐让我睡她的床，她安安分分地打了个地铺。

在这个第一次离家出走的晚上，我几乎没有怎么睡，黑暗中我一直盯着天花板，如果你能跨过时光去看我，一定能看见一个瘦小的包子脸的小女生，眼睛还亮得像星星。

然后第二天早上我直接去上学，却悲哀地发现书包还在家里，包子姐就和我回了我家拿书包，我妈看着我们两个，彻底无语了。

有没有一段年纪，有没有一些人，是和父母一样重要的存在。我的回答是有，小小的女孩子啊，拥有着普通的面容和自卑敏感的内心，也感谢有你，让青春多了些亮色。

然后冬天就到了，下了一整天的雪，齐人膝盖，晚上我们有晚修，我在万般不愿的情况下推着单车，一路小心翼翼，深一脚浅一脚向学校走，走到街口气喘吁吁。

雪仍然扑簌簌地下，街口有一个蓝红相间的牌楼，牌楼对着的就是308线路，隐隐看得见公路的那边一排商店，在雪中闪烁着昏黄的灯光，雪静静地下，像是一种无声的温柔。

我静静地把自行车停在路边，平躺在雪地里，仰面看头顶落下来的雪，一片又一片，不一会儿我的头发就湿了。我轻轻闭上了眼睛，是不是到了明天，太阳出来，我就会和雪一起融化，蒸发，然后去到很远的地方。

如果真的可以，那会不会能从起早贪黑的学习里解脱出来，不用再面对，也不用再劳累。

6

结果是我哪里也没去成，包子姐在去我家通知我晚自习不用上的路上看见了躺在雪里挺尸的一个傻姑娘，一把揪起我的耳朵把我拎回家了。

在路上，她一边把围巾摘下来往我脖子上戴，一边骂，王梦菲，你傻啊，我要是不来找你你就在这里躺一晚上了是吧！

喋喋不休说了一路，然后打开我家的卷帘门把我塞进去，把我的自行车塞进去，从外面拉上门，卷进风雪里。

人生做很多错误事情，有或没有理由，我只是希望，能有一个人，把我从执拗之中，拯救出来。

但是这个人永远是可遇不可求，更多的人还是喜欢在你受伤以后，说，早知道你会失败，或者不咸不淡一句，没关系。随着年龄的增长，认识的人越来越多，可曾会有一个人，看得见你深夜里哀伤的眼眸。

2011年，小城有一场百年不遇的大雪，2011年，我迎来了此生最严重的一次高烧。2011年，包子姐被勒令退学。车棚外的那个张扬的女孩子，我再也等不到了。

7

刚开始的几个月，我们还经常会见面，但是她去外地打工以后，我再也没见过她了，生活变得麻木，我开始听我妈的话，我开始当一个学霸。

初中岁月一晃而过，很快我便上高中了。而包子姐和她父母也离开了小镇，据同学说，包子姐父亲赌钱，欠了一屁股债，不得已举家跑路了，包子店也关门了。

再后来，听闻包子姐全国到处游荡。去拉萨，去云南，去东南亚一些小国游荡，偶尔包子姐还给我寄一些明信片。但没坚持多久，联系渐渐减少。我的学业越来越繁重，而包子姐似乎也越来越忙了。

上高中的那阵子，我变得格外安静，也很少说话。那时，坐在我左右的是全班最帅的两个男生。偶然听见班里女生对我说，好羡慕你哦，咱班最帅的两个男生，你一左一右。

其实没用，当时的我，没人撑腰，有贼心也没贼胆，有贼胆也没颜值，反正什么也没有，只能老老实实学习。

8

那个时候，只有小圆脸仍然对我不离不弃。当初的小圆脸现在长成大圆脸了，自从他们家搬到附近的小区以后，他更是明目张胆地跟踪我了。

所以每次放学，我都化身一阵风，飞快地回家。升高中的那阵子，大圆脸问我，你是不是去上南宫一中啊，我们一起去吧。我瞥了他一眼，没有说话。

那天有云飘悠悠地荡，荡向不知名的方向。对了，大圆脸姓冯，叫冯聪。后来，由于种种原因，我没有去南方上大学，大圆脸和我报考了同一所学校，但落榜了。

大学的时候，我彻底失去了包子姐的消息。直到大学毕业后的秋天，我回到北方的小城，又见到了包子姐。包子姐依然很美，素面朝天，却有玩世不恭的活力，看见我以后，包子姐一把搂住我的肩膀，小梦啊，走，吃火锅去。

然后就我们两个人，对桌吃饭。虽然包子姐不停地给我夹菜，嘘寒问暖，但我和包子姐之间，似乎有些生疏了。

直到包子姐要了酒，一直不喝酒的我，竟然喝得头晕目眩。包子姐给我讲这些年发生在她身上的故事，她落魄无助的辛酸，此刻我们才发现，隔着漫长的时间，我们的距离还是那么近，这样，真好。

我问她，最近过得怎么样，会留在小城吗？她微笑着看着我的眼睛，点燃一支烟，喷出的烟笼罩着她年轻的眉眼，有泪，滑过我乌黑的长发。她说，小梦，你是个好孩子，小城适合你，但不是所有候鸟，在北方都有个家。

吃完火锅，包子姐又带我去看了一部电影，电影的名字叫《七月与安生》。电影里有句台词："就像世间很多事物。人们并无方法从它寂静的表象上猜测到暗涌。比如几个人和另一个人的相遇，或者他们的离别。"

　　包子姐离开小城的时候，没有通知我，只在微信上告诉我，虽然走过那么多地方，和那么多人相聚又别离，但还是没有学会告别。

　　我想我和包子姐的故事还没有结束，但生活中的故事似乎本来就没有结局……

木子飞过的夏天

夏白洛

木子，传说中的一种昆虫，据《山海经》记载，有虫名曰木子，形似蝉，身雪白，通体透明如琉璃无翅。

1 相机里的夏天

最近的天亮得越来越早，在撕掉五月最后一天日历的时候，木子清醒地认识到，夏天真的就要来了。

从八月，到另一个五月，之间的距离原来这么短暂，下午拍完毕业照，就应该要收拾东西回家了。

小时候以为毕业照会很隆重很严肃很难忘，到了真的要拍的时候，才发现不过如此。

每个班级早早就被划定了时间，一群人按着身高有规律的排列。一个班拍好立刻换下一个班，每个班花费的时间，不过几分钟而已。

一群即将就要分离的人在台阶上整齐地站着，前排坐着代课老师和校领导，所有人都僵硬地笑着。

咔嚓一声，青春就算是画上了句点。

木子现在第三排的最右端，目光想瞥向左端，又害怕被摄影师捕捉到不好的镜头，留下遗憾事小，被班主任再骂一顿就不好了。

有一段时光，只有我们知道

于是，只能够笑得更加尴尬。

快门的声音响起，木子有种瞬间苍老的心，原来这么快，自己的高中就结束了。

虽然班主任的安排是毕业照结束后回教室自习，可实际上，除了少数的几个人，大多数已经选择了回家。

昨晚刚下过雨，空气中有股微微的泥土腥味，并不是很好闻，但是却很怀念。

或许，以后闻到的味道，都不是这样了吧。

因为在学校不远的地方租了出租屋的关系，木子留在学校的东西并不是很多，只一个背包，就已经可以全部带走。

木子背着包，从林荫道过来的时候，有很多人在拍合照，男的，女的，男的和女的。

回过头，看了一眼寝室楼，木子深深地叹了口气。

"美女，拍个合照呗。"

突然背后窜出一个人来，拿着相机。

紧接着，画面已经被定格下来，木子所有的表情都被收纳其中。

惊诧，喜悦，兴奋。

看着身边多出来的头，木子露出一个微笑，"我还以为你们班早就回家了呢。"

男生很自然的接过木子的背包，并肩一起往校门口走，露出一口好看的白牙，"这不是等你么。"

2 没有雪糕的夏天

和萧柯相识，源于高二分班之初。像木子这种寡言的女生自是不会引人注意，做自我介绍的时候，只短短说了名字就准备走下讲台。

突然，一个微微沙哑的声音响起，格外的好听，"木子，你为什么会叫木子呢？"

看着面前的调皮男生，木子一下红了脸，结结巴巴中，木子讲出这样一个故事：

传说中有一种叫作木子的昆虫，类似于蝉，它们会在土壤深层生活十年，然后在初夏伊始，爬出地表，寻找最高的树。

然而，它们却又和蝉完全不同。没有蝉那么幸运拥有翅膀，在秋天来临之前，大批大批的从树上跳下，然后摔死。

"呃，为什么要跳下？"短暂的思索后，又传来了男孩儿的声音。

木子一字一顿，"因为，信仰。"

"喊！"

下面传来的各种嫌弃声，让木子的思绪回到了现实，这不是她和男生的对话，而是高二的第一节课，适时响起的下课铃声成功的解救了木子。

木子逃也似的奔下讲台。

3 打翻了咖啡的夏天

"什么人啊？真是的！肯定是胡扯！"

"对呀，怎么可能有那么奇怪的东西？"

"你说她为什么要那么说？"

"吸引别人的注意力呗，你看她的脸，就好有心机的样子。"

"啊？我还想去认识她呢，算了吧，唉。"

"就是啊，还信仰呢，全是瞎编的。"

流言铺天盖地，莫名其妙就被孤立，还没有融入集体，就已经被排斥在外。

木子无所谓，本就是少言的女生，就算没人理，也没多大关系。

自习课上，突然被人用笔捅了捅背。

"哎，你说的木子，是哪里记载的？"

"啊……是《淮南经》吧？"

一回头就看到他，莫名其妙就看到换过座位的他。

"可是你上次说是《山海经》啊。"

"啊？有么，那应该就是《山海经》吧。"

"其实你上次什么都没说，你是编出来的吧。"

促狭之间，却看到他调笑的脸。

笑得不是很夸张，却露出了那口标志性的牙。

"你有虎牙？"

"这是个秘密，被你发现了，哈哈。"

看着他左边的虎牙，木子露出一个大大的微笑。

"喏，我也有一颗。"

4 加了奶油的夏天

有一种友谊来得很快，或许是两个人的爱好相同，或许，是一个人的包容和迁就。

大多的时候，是萧柯在说，木子在听。

偶尔萧柯来了兴趣，就会提到，"木子，给我讲讲木子的故事呗。"

"啊，你不是都说了是悲惨的结局了么。"

"我是说你啊，傻瓜。"

"啊？我……"

"你才是木子啊，笨蛋，肯定会有一个美好的结局。"

木子弄不清楚之于自己，萧柯是怎样的存在，是朋友？好像也算不上，只是会偶尔说说话，周末一起去校门口不远的巷子里改善一下伙食。

高中食堂的饭，波澜不惊的口味，到了最后一次吃，却也有些怀念。

怀念拥挤长长的队伍，怀念炒饭哥的迅速，怀念奶茶阿姨的微笑，怀念鸡蛋灌饼大爷的微笑，也怀念那个坐在自己对面一直嚷嚷着没吃饱要再来一份的人。

5 加了蜂蜜的夏天

木子喜欢句号，偏执的喜欢。

写作文的时候，做数学题的时候，甚至是个别人在网上聊天的时候，一句话末尾，都要认真地跟着句号。

当然，这在同学的眼中又成了不可原谅的怪癖。

木子习以为常，几乎到了自己也是那么认为，好像本来自己就是那般的人一样。

所以木子没想到萧柯会因此和别人打起来，晚自习萧柯被班主任叫去训话，木子装作很认真做题的样子。

直到萧柯回来，木子的心才放下，拿出物理卷子。

大概就是从那天起，木子才真正打开了心门，两个人成了货真价实的好朋友。

木子粗心忘带早餐的时候，会发现桌里的饼干。

萧柯站起来回答问题时，木子会在前面摇头晃脑，指手画脚。

答对了，木子跟着笑；答错了，木子急得要疯掉。

没人发现，木子那天晚自习收起的那本数学习题里，写满了英语单词。

"health、health."

"strong、strong."

6 我们的夏天

高三的最后一学期，和同学的关系融洽了不少。

渐渐也开始有人拿着习题来问思路，也开始有女生在上厕所的路上问一句要不要一起，晚上熬夜的时候也会有人劝早点睡。

木子当然都知道，这都是萧柯的功劳。

萧柯，一想到这个名字，木子就感到一阵暖意。

虽然不是恋人，却能够胜似恋人。

青春里，能有这样一个朋友，在全世界都孤立你的时候，能够陪在你身边。

在世界开始接纳你的时候，又默默逐渐退出你的生活，替你高兴，还有什么不满足的呢。

都说没有谈过恋爱的青春不算是青春，木子却觉得，没有了萧柯，这才算是没有青春。

思绪越拉越远，等意识到，已经到了校门口，很短的路，却好像走了好长时间。

萧柯递过背包，"就送你到这里吧，高考加油。"

木子看了萧柯好一阵，露出一个大大的微笑。

有人问木子：

"你是不是喜欢萧柯？"

木子摇摇头。

"那萧柯是不是喜欢你？"

萧柯笑了，她怎么会知道。

"哎，能不能别摇头了，全校第一的女生原来这么傻么。"

因为成绩好，所以被孤立，这是木子不能接受的原因，也是不得不接受的原因。

但，幸好，有萧柯。

木子也分不清楚两个人的关系，大概是所谓的恋人未满，友达以上，但那有什么关系？

　　现在，是朋友就好，反正以后的路还很长，管他会怎样。

　　微风吹在脸上，微微的痒，耳边已经隐约可以听见蝉鸣，果然又是一个聒噪的夏天。

　　"喂，我在给你加油呢。"

　　"嗯，加油。"

山回路转不见君

卢京一

1

这日晨起，一瞥天色，茫茫白白，一丝寒风带着潮气钻进衣袖间，恍惚间竟以为是雨雪相交的严冬又卷土重来。这才记起昨晚的梦境。

离开宝岛大半年，梦境繁多，但这是第一次梦见她，还是当初上课时候的模样，穿着素雅却别出心裁的裙子，个子不高却提着重重的电脑包，向我温柔一笑，轻声谢我替她把讲课用的课件先打开了。画面一转，换成了一个陌生的代课老师，跟我们说老师身体抱恙，换他来代课。

梦境就这么戛然而止，却让我将记忆里所有关于她的回忆尽数描摹出来了。

打开手机打算翻墙上Facebook问问她近况如何，却先弹出班群的消息，是她的讣闻。然后同学们纷纷哀悼，怀念以前和她一起完成学业的点滴过往。

我靠坐在椅子上，说不出话来。

她竟是离开了。

2

起初她并不是很讨同学们喜欢，开学初就给大家布置了报告作业。刚到新学校，同学们对一切仍一头雾水，就要想着怎么把这报告写得让老师满意。

第一堂课上，大家左顾右盼，就是没人站出来毛遂自荐当课代表。老师候了一刻钟都没出个结果，最后还是和颜悦色地说："抽签吧，做我的课代表很轻松的。"

结果是我抽中了。做她的课代表是蛮轻松的，只需在她的课上提早五分钟，给她打开课件，再整理一下日常作业就行。

但上完几堂课，不少同学私下跟我抱怨，她布置的作业难且多，私人时间太少。其实开学初她就说过了，这门课学起来没那么容易，认真写作业才不至于像学长学姐一样挂科。我犹豫了几天，没跟她反映同学们的意见。

一个阴天傍晚，晚上多选了一门选修课的我在教室独自用餐。教室里光线很暗，我埋头与难吃的便当相对，突然有人走进来拍拍我的肩膀，我吓得把便当给打翻了。这人在我耳边扑哧一笑，问我："是学校食堂的便当？"

我抬起头，反应过来是她，应声道："是啊，老师好。"

她拿着几本书在我旁边的座位坐下："学校便当出了名的难吃，我带你去学校附近吃好吃的吧。"

夜市烟火弥漫，各色小吃不一而足，她就在我旁边，陪我挤进人潮。

夜景和美，我偷看了一下她的表情，迟疑着，终是开了口，同她讲了班里同学反映的关于课业的情况，她蹙眉半晌，我看了也纠结着，但她说："我会适量减少作业量的，但也还是尽量让大家不落下课业。

同学们来这边不仅仅是学习新的知识，也要来了解了解这边的人文环境，才能起到交流沟通的目的。"

我顿时心里一片清明。其实很多时候，师生之间，理解是相互的。

3

她上课喜欢结合各种生活中的事例，涉及方方面面。比如讲到成本方面的问题，她就结合我们环岛旅游所需经费，绘声绘色地给我们讲述她以前在绿岛浮潜的经历，顺便把路线也告诉我们。

很直白的话语，亦是人世间最简单的道理，但就是这么自然地让我们听了进去并且铭记在心。

快到期中考试了，同学们对她的印象转好许多，但她又提起了那个听起来不太容易的报告作业，不少人又烦上心头。说实话，我们小组刚开始做这个报告作业，也是毫无头绪。

她要求我们采访独立书店，先被选中的书店其他组不能再选，要制作一个关于该书店的成本管理方面的报告。这种涉及财务方面的采访其实是不太好做的，何况我们也不是播音主持专业的学生，采访经历基本为零，我们给好几家独立书店发了邮件或者打了电话，都吃了闭门羹，正好那段时间降温厉害，雨也下个不停，常常是下课后我们出了校门就搭地铁或者公交跑书店，同店主沟通，却失望而归，心里难免抱怨。

4

终于找到愿意被采访的一家书店时，我们小组欣喜若狂，不顾细密的雨，紧了紧身上的外套，一边网络地图搜索，终于寻找到了寻常街巷里葱郁林木之间隐藏的那家独立书店。是一家很有格调的书店，楼上与附近都是居民住宅，门口几把藤椅，一张圆桌，树木深绿的枝丫间漏出来暖黄的灯光。

进店后，三两个黑白制服装扮的小哥在店里忙着，见我们来，请我们入座。我们要了热饮与甜点之后，店长正好进来，我们边用餐边交谈。这是一家餐饮与书店结合的店，店里有各国文学，都是店长多年的收集，包括一些绝版的书籍、CD、期刊，而经营餐饮便是店里的营业额需要，同时可以让客人惬意地小憩。该店还同农场合作，贩售一些新鲜的有机果蔬给附近居民。

我们交谈的时候，店长对于我们的问题都尽可能地回答详尽，获取所需信息的我们算是功夫不负有心人。

房间的角落里放着一架旧钢琴，墙壁上是店长在大学生画展上买的原创者的画作。尽管只是些装饰，但仿佛流淌多年的青春气息都氤氲在这间屋子里，每个人少年时都有着这样那样的梦想，而书籍能让尚值年少的我们漫游更加广阔的世界，这一趟出行何乐而不为呢。现今人们活得太匆促，连小驻片刻，读一篇文章、喝一杯热饮的时间都欠缺得很。

老师让我们采访这些独立书店，是希望我们能够亲身体验，从而明白，在人生中，究竟何时脚步该慢一些吧。回到寝室写报告的时候，我们小组都心照不宣，肚子里那些怨气霎时烟消云散，并且打心眼里感激我们老师，不是她布置这个作业，我们应该永远都不会有和这样的独立书店交谈的机会，也不会以这种方式，以独特的视角，更好地去了解这个世界。

5

最近微博上网友们对于女生出行安全问题讨论得非常热烈，其实我也遇到过类似的事情，就在那学期期末考那天，没听到闹钟的我错过了七点钟的公交，只能搭八点钟那班车。

一直担心期末考试迟到会被取消考试资格，我开始没注意到公交车上那个外形猥琐的男子。反应过来的时候，旁边的女生已经遭难了，尖叫着跑了下去，我手里捧着的热豆浆随时准备泼下去，最后我提前下了公交转了车，幸免于难，但脸色一直惨白。

终于赶到考场的时候我已经迟到了十五分钟，我想着怎么开口跟老师解释，她却说："你脸色怎么这么差，是不是身体不舒服？赶紧坐下吧，等会儿要做不完题了哦。"顿时心里那些糟糕的情绪都被化解，对于迟到的担忧也全无踪影。

后来知道学校对于考试迟到的戒律其实是比较严格的，我问老师为什么那天让我进去考试，她笑着说："你不知道，你那天一进来那副委屈得要哭出来的样子，我就估计你是有点什么事情，学校也要考虑人性化啊。"

我倒是很不好意思，要是自己没起晚就不会迟到了。

6

一学期很快就过去了，各种你想不到的事情也是悄然无声早在命运里埋下伏笔。我还记得老师下课后向我招手的样子，小女孩儿一样踮踮脚，摆着手冲着我笑。

最后一堂课她叫住我，让我下学期帮她带一本书。一本童话书，外国绘本，当地只有原文版，她的孩子看不懂。很薄的书，不占行李箱空间，也没什么重量。

下学期带来了，原本要亲手送给她，却是一个代课老师来上课，对我们说老师身体抱恙，有什么东西可以转交给她。

下课后我同代课老师聊天，只听说她是突然生病的，还比较严重，需要住院治疗。

结业典礼那天，意料之中，老师她没有在场。

离开宝岛之后，给老师的消息，她回复得也言简意赅，少之又少，但还是透着一股坚持和积极的信念。

　　掰指头数数，其实有两个月没有收到她的回复，联系其他老师也不太清楚她的具体状况。

　　直到今天看到这讣闻。

　　同学们的悼念占满了手机屏幕，遗憾，悲伤，诸如此类的字眼充斥在阴天的白日。

　　我点开以前保存的那张照片，是她放在Facebook上的一段话，写在小黑板上，字字笃定——

　　　　我稳稳地站在这世界
　　　　我坚定地走在人生的路途
　　　　在我的内心深处充满着爱
　　　　在我的所有作为里带着希望
　　　　在我的思想中深植着信心

　　　　　　　　　　——Rudolf Steiner

131

有一段时光，只有我们知道

王 月

高中毕业的那年夏天，你扯着嗓子唱了很多遍张震岳的《再见》。歌词里说，"我会牢牢记住你的脸，我会珍惜你给的思念。"

那年你十六岁，穿蓝色的校服坐在教室的第一排，这导致我每次想起你，最先映入脑海的是那沾着粉笔末的油腻发尾。

其实你长得还不赖，白白净净的小圆脸上一对细长的眼睛，眼底有一排排列整齐的雀斑，鼻子嘴巴中规中矩，个头矮。没关系，这样才显得小巧玲珑。

你爱说话，而且语速极快，那些旧杂志上的新闻通常都是你叽叽喳喳地念给我听，看着你唾沫星子横飞地评论普京的婚姻和奥巴马的发型，我真替国际形势捏把汗。

高中时代，校园里最流行三件事：早恋、吃辣条、玩手机。

在明白了第一件事不可能发生在我们身上之后，我很荣幸地陪你吃着辣条玩着手机拽住了青春的尾巴。

那时候，辣条还没在零食界站稳脚跟，手机市场还是诺基亚和步步高的天下。为了紧跟时尚潮流，你咬着牙根从压岁钱里拿出两千大洋买了部步步高新出的翻盖手机，于是很长一段时间里，你沉迷于贪吃蛇和俄罗斯方块所带来的通关快感中。

后来，你办了每月五元的流量套餐，一脚踏入互联网生活。自从你爱上敲击手机键，便摇身一变，成了惜字小姐，嘴里只有"嗯啊哼哈"四字箴言。

我们的交流不再局限于面对面聊八卦，你更爱用一长串的QQ表情来说明心情。中午一起回家，你会发来一张笑脸；同桌惹你生气，你发来的小人儿火冒三丈；若是这节课犯困，我一抬眼就能看到你手托腮，强撑着不睡的样子。

这样的好日子晃晃悠悠过了一年多。

高二上半年，在一次全校大会上，矮胖校长宣布了一项激动人心的决定：下周开始陆续在校园里安装摄像头。

据说那是三百六十度无死角的真人秀直播仪，从操场到教室各个角落尽收校长眼底。

你一撇嘴，把手机塞进校服口袋里，回身对我做了个鬼脸。

你的地理位置不太好，摄像头无论怎么转都能把你照得清清楚楚，你试过很多种隐藏自己的方法，最终发现，角度很重要。

靠墙的倒数第二排被你划定为安全区域，坐在那个位子的同学也好说话，两包小浣熊干脆面、一根棒棒冰就能在他的位子待一个上午，当然班主任的课除外。

被换到第一排的他成了"珠穆朗玛峰"，后面的一竖列同学想要看清黑板都要斜着身子歪着脑袋。而坐在倒数第二排的你不幸成为"吐鲁番盆地"，伸长脖子才能勉强看清数学老师黄豆粒一样的板书。

很快，你发现自己的视力不太好，做眼保健操的时候，铆足了劲儿按太阳穴轮刮眼眶，一睁眼，还是那个世界，只是眼眶红红的。

期末考试前，学校组织了一次家长会，在班主任点名批评的名单里，你是唯一一个女孩子。眼睁睁看着老妈和老师结成了有力联盟，又相见恨晚地互留了电话，你的天空今天有点灰。

会后，你总结了经验教训，可手机还是被无情地没收了。据说你老妈买了张新的电话卡，专门用你的手机和班主任联系。

为此，你买了两块钱的辣条和一袋猫耳朵，体育课上我们俩坐在健身器材上一吃方休。

因为北京奥运会的举办，2008年的暑假一放就是两个月，我没去打工，你也没去北京见菲尔普斯，我们整天窝在一起看电视直播。

每逢假期胖三斤，这话说得一点没错。

转眼高三，我们的人生轨迹开始变得不同。

你选择继续学习文化课，而我加入了艺术生的大军。我们还是和从前一样，一起上下学，一起吃午饭，你的耳机里播放的是英文单词，我的耳机里却装着土耳其进行曲，你为一道几何题绞尽脑汁的时候，我正在琴房练习发声和琶音。

每次看你举着练习册从老师的办公室跑进跑出，我都想像以前一样追上你的步伐，可是这一次，我是真的落伍了。

那年，我们听得最多的就是"高考还剩下多少天"，校长老师轮番开动员大会，摄像头二十四小时不停转，教室里汗味混合着菜味，每位同学桌上摞起的试卷都能遮住半张脸。

你的眼镜度数越来越深，成绩却全线飘红，尤其是数学和文综，加起来比我多考一百来分，班主任不仅不再拉黑你，而且多次在班会上点名表扬你，你赫然成了重点保护对象。

网瘾少女变学霸，怎么写都是篇励志故事。

我收到艺考合格证的时候，你重重地拍了拍我的肩，你说，"文艺圈什么人都不缺，就缺你这么个傻妞。"

我碰了碰你的手肘，"走，我请你吃辣条！"

你吃得满嘴流油，说辣条是第一美味。

而我只记得这是我们俩独一无二的庆祝方式。

高考结束的那一刻，你像平常一样走出考场，我照例早早在自行车棚等着你。我们穿越狂欢的人群，从撒满《行路难》和世界地图的纸屑上骑行而过，你什么都没说，挥舞着左手绕操场一周。

再后来，我在学校门口的大红榜上看见了你的名字，在第三列的六排，是所本科学校。

你有我的手机号，却没有给我打过电话，我知道你家的地址，却没再去找过你。

我们像是约定好了一般，默契地渐行渐远。

听说你去了县城的高中复读，路过你家的时候，我总爱对着四楼的窗口张望一番，说不定你就站在纱帘后面，说不定你也在想念我。

我有了新的朋友，也换了智能手机，可惜手机里没有贪吃蛇和俄罗斯方块，每当他们发来一张笑脸，我还以为是你在叫我一起回家吃饭。

很奇怪，我会莫名地想起那年的新年晚会上，你哑着嗓子唱的那首《再见》，歌词里说，"我会牢牢记住你的脸，我会珍惜你给的思念。"

有一段时光，只有我们知道。

我们是那种人，跳舞的人

　　幺幺在上海的最后一晚，我宿舍还停了电，真是倒霉透顶。手机没电，电脑没电，台灯没电，我们比二战的巴黎人还耐不住寂寞，可是也找不到好办法，最后就着窗外的月光，在宿舍疯疯癫癫地走了一晚的猫步，早上没有闹钟提醒，差点儿错过飞机。

　　不知道为什么，印象中我们永远匆匆忙忙，总是怕错过什么，哪怕提早三个钟点起来穿衣服也做不到有条不紊，很简单，一旦早起，三条街外的外婆油自然不容错过。

你的存在对我很重要

倾城流年

原来友谊里也存在妒忌的。当我看到你和你的新同桌闻景聊得热火朝天，听你们欢声笑语的时候，心里就难受得要命。恨不得冲过去把你抓过来，质问你是不是有了新同桌就把我这个旧同桌忘记了？明明说好我们一直是彼此唯一的同桌的！但我还是忍住了，脸上依旧平静，和旁边同学说话也是笑笑的，只是我知道那笑有多僵硬多难装，眼角的余光忍不住往你的座位上瞟。

自从重新编位后，我就感觉你被新同桌抢走了。虽然我们还是一起吃饭一起回宿舍，但你们在一起的时间无论怎样都比我们的多！虽然我总是厚着脸皮去你的座位找你说话，但总感觉比我们坐在一起时说话少了许多。更讨厌的是，我们说话的时候，闻景总会突然插一句进来，或者哆哆地叫一声你的外号"罗土土"——明明是我给你起的专属外号，她闻景凭什么叫？我向你抗议，你无奈地说她想叫你有什么办法？总不能把她毒哑吧？哈哈，好吧。你成功地把我逗笑了。只要你还记得你只能是我的"罗土土"就好。请原谅我的霸道。

对于"闻景把你抢走这个谬论"，我的反思是：因为你是我从洁莉的身边抢过来的。洁莉是你初三时认识的朋友，高一时你们还是同班。而我们在高一认识，没有编位之前你和洁莉做什么事都在一起。等我们做了同桌后，我就死皮赖脸地粘着你。我能感到洁莉的眼神如雷达般在我身上扫射。然后我志忑不安地向你说洁莉会不会恨死我？你说不会的，虽然她有点儿小气，但人挺好的。

"可把你抢过来她人就好不到了哪里去了。"我在心里嘀咕。比如我们在饭堂吃饭的时候，洁莉会突然走过来说，她妈妈送菜来了，送很多，问你要不要。你明明说已经吃饱了，叫她自己吃吧，为啥她还要把饭盒拿过来，也不见她问我要不要？估计她是不大喜欢我。估计她和我们一样也不喜欢"三人行"。你说其实你也不想接受洁莉给的东西，但她硬塞给你你也没办法啊。你说我给你的东西你接受得很自然，没有什么要还的想法。你知道我听到你这样说有多高兴吗？对一个人好，如果那个人能毫无顾虑地接受并说出来，是一件多么美好的事啊。

你出生时，算命先生说你五行缺土，所以你家人给你起的名字里有个增字。很多人都叫你罗增增，我不想这样叫。想了好久才用不允许你拒绝的语气说我以后就叫你罗土土了！虽然一开始你很抗拒，说真的很难听。但我坚持不懈，一天叫N加一次，没多久你就妥协了。然后我兴奋地叫你在我的日记本首页写上罗土土这三字，然后我把我的名字写靠在你的旁边，再画个心圈住它们。有点儿老土，但我感觉你也很高兴。我们还有个共同的秘密小本子，上面粘贴着有小本子之前我们用其他草稿纸来写下对话。你说，等我们老了，我们的女儿会继续这份老土的友谊见证！想想就想笑耶。

我们同岁，都是九四年的，比同界的同学大一两岁，二十岁才读大学。我对你说我觉得好失败啊，和我们同岁的人都已经上大三找工作了。你翻了个白眼，无所谓地说，介意这么多干什么？有大学读就已经很好了，别人说是别人的事儿，我们直接忽略就行了。好吧。既然你都这样说了，那我又何必耿耿于怀呢。我们就是我们，独一无二的我们。

我比你大两个月，你说你一直想有个亲姐姐。我们都是家里的老大，家里都有令我们头痛调皮的弟弟；心里都想有个哥或姐来爱护。我大手一挥手，拍着胸脯向你保证，以后谁敢欺负你，我一定帮你几千倍奉还回去。你笑着说不用这么夸张啦，而且你也不是那么好惹的。想想也是，和你认识三年了，看上去那么柔弱的你从来没哭过，而号称女汉子的我却一有什么不顺心的事儿就抱着你痛哭。可你连安慰的话也说不出来，只是由着我自由发泄。有次我开玩笑说，是不是你上辈子哭多了然后把泪腺哭没了，还是你躲在被窝里偷偷哭不让我知道哦？你撇嘴：被窝是用来睡觉的，我只是觉得没有什么是值得好哭的，哭还得把眼睛弄肿，多不值！你知道吗？你这话在我们高二高三不同班的日子里陪伴我走过了多少艰难的路程。

你是个幸运的女孩儿，十八岁生日时上数学课，数学老师叫你在两个数字之间猜出一个数字，你连猜对三次。你说从来没觉得自己这么幸运，真是太开心了。那天你还破天荒地叫我一起出去吃了手撕鸡，因为我们的零花钱一直都不够用，无论买什么都深思熟虑。但那天我们吃掉了五十块钱，花掉了你一半的零用钱。吃完我才鼓起勇气和你说不好意思，你生日本就应该是我请的，只是我的零用钱早就花光了。你笑嘻嘻地说没关系啦，这个手撕鸡的味道你一辈子都忘不了，太好吃了，人生难得奢侈几回！不过下个月可要穷死喽。哈哈哈……

当然啦，谁都有倒霉的时候，你也不例外。高一是你丢钱的频繁期，每次你丢钱我就会想你会不会认为是我偷的。可你的眼睛里话语里行为里给我的都是满满的信任。我没有理由不坚定自己的安全感。

你说不知道那些白翼昆虫怎么那么喜欢你。每次它们碰到你，你的皮肤都会溃烂好久，还会留下难看的疤痕。有次它们碰到你的眼皮，你的眼睛第二天就睁不开了，回家待了三天，双眼皮变成了三眼皮。你说这倒省了一笔整容的钱。我无语地大笑，只有你在倒霉时还会说出这些安慰人的话来。

你是英语课代表。有一次上英语课，老师叫你拿出晚修布置的作文。你站起来低着头羞愧地说没做完。你说当时多希望地上有个洞可以让你钻进去啊，特别是在老师失望地说她不希望自己的课代表这么不负责任的时候，你觉得自己特别对不起她，她那么信任你。可你知道吗，你有这么好的一颗心，老师肯定会感受到的。因为你和我说这件事的时候，我都感受到了你的自责。

　　亲爱的罗土土，今年是我们认识的第四年，一起走过来感觉真的好不容易。在不同的班级、不同的大学，在我们都有了没有对方在的朋友圈时还能念叨着对彼此的冷暖，这一份情可一定要无穷无限地"增"加下去啊……

我们是那种人，跳舞的人

朋友是个圈

筱歌儿

初次相见的别扭少年

用老狼的话来说，我们跟圈子的初次相识堪称是一场噩梦。那是高二刚开学的时候，老狼抓着我满校园地乱窜，美其名曰关心校园大事，我知道他是在广撒网，重点捕捉新入学的漂亮学妹，我本善良地没有拆穿他，也乐得跟着他东飘西荡。

圈子就是那个时候出现的，他懒洋洋地躺在草坪上，穿着黑色的T恤和黑色的紧身牛仔裤，T恤衫上是一个大大的骷髅头，牛仔裤上有一排晶亮的扣子，他的皮肤很白，稍长的刘海儿盖过了那双微眯的丹凤眼，左手修长的五指扣在一个斯伯丁篮球上，小拇指上的戒指锃光瓦亮。这样的装束绝对算不上一个"良民"，但却绝对可以秒杀华丽丽地围在他身边的那一群青春美少女，老狼高一时暗恋的那个女孩儿也是其中之一。

老狼看着那一片在圈子身边壮烈成仁的美少女急红了眼，扭头对我说："阿辉，难道这年头都喜欢排骨精似的伪娘？"

声音不算小，我猜圈子肯定是听见了，下一秒他就睁开了那双狭长的眸子，比老狼更像一匹嗜血的孤狼，他说："你骂谁？"

我和老狼都是一愣，但本着不能在女生面前丢脸的原则，老狼挺胸上前迈出一步，对着他比了个中指，"You！"

我拉着老狼的胳膊，想拽着他走，就冲着圈子手上的斯伯丁我们也惹不起，可是老狼早就冲上去跟他打在了一起，周围的女生吓得尖叫着四散开来。

等上课铃响的时候，老狼已经被揍成了猪头，我身上也被打得不轻，圈子单手抓着篮球居高临下地看着我们。后来我问他，看你那么瘦瘦的，打架还是个狠角色，他笑，打架也是个技术活，不是靠蛮力，而是靠巧劲，我单挑四个社会青年的时候还没有你们呢。我和老狼立刻满眼崇拜地看着他，那是一个盲目崇拜的年代，拳头总是可以代替很多语言。

不过那都是后话，当时的情形是我和老狼狼狈地奔回教室，震惊地发现圈子也站在高二（2）班的门外，班主任脸色铁青地指着我们三个恨铁不成钢地大骂了一通，然后砰的一声甩上门，我和老狼乖乖地站到墙边做雕塑，倒是圈子潇洒地笑了笑，朝我们伸出手，"我因病留了一级，没想到是同班同学，以后多多指教了。"

我目瞪口呆，老狼口呆目瞪，圈子也不理我们，转身又抱着篮球去了体育场。那个时候，我们是宁愿相信他是因成绩太糟糕而被迫留级的。

冒充一回文艺小青年

虽然是同班，但老狼对圈子一直是很有意见的，再加上他笑的时候不多，常常是一个人独来独往，老狼就说他是整天冷冷冰冰地装流川枫，偏偏就有众多的赤木晴子前仆后继地壮烈牺牲在圈子的万丈光芒下，所以他越看越心烦。

我跟老狼是从光屁股开始一起长大的革命战友，老狼不待见的人，我自然也是不敢贸然亲近的，顶多见面打个招呼也会被不分春夏秋冬的冒冷气的老狼立刻拖走。

高二的生活过得不紧不慢，我们三个人霸占着教室四分之三的角落，只不过目的各不相同。圈子喜欢窝在太阳底下享受着紫外线对皮肤癌的挑战，老狼则是两眼放着绿光地盯着从门口路过的每一位美女，刚刚他又去跟隔壁班穿白裙子的女生告白了，记不清是第几个了，但愿能尽早摘了那顶"独孤求胜"的帽子。我倒宁愿抽时间多看点书，反正既漂亮又温柔的真命天女肯定会来的，Sooner or later，我现在所需要的，就是耐心地等待而已。

老狼摸着我的额头直咧嘴，"阿辉，乖孩子，你不会学习学傻了吧？都什么年代了还相信格林童话那一套，那都是骗人的，我们要靠自己的双手去改变命运！"

为了要改变命运，老狼一狠心就去校文学社报了名，愣是说要冒充一回文艺小青年。我嚼着阿尔卑斯，淡定无比地塞上了耳机，任一连串的英文词汇像土花布一样包裹住我整个脑袋。

一套试题没做完，老狼就跌跌撞撞地跑回来了，那小脸煞白的，我看着都怪可怜，"咋了这是，又被甩了？"

"甩你大爷！"老狼用手拍着胸膛惊魂未定地说，"你猜那社长是谁？"不等我回话他接着一拍大腿，无比愤世嫉俗，"是圈子！哎哟妈呀，真没想到那小子深藏不露，还是个会走文艺路线的李小龙！"

球场之上见真招

我被狠狠地打击到了，心情无比的不酣畅。

如果你学习好，会有人喜欢，如果你篮球好，会有人喜欢，如果你长得好，也会有人喜欢，但圈子却是什么都好，所以在资源有限的情况下，就造成了很多男生没有女生去喜欢了，但很显然圈子并没有意识到这一点，他还是习惯了一个人独来独往的江湖。

在这个人人争先表现自己的年代，圈子的存在，更像是一把尘封多年的宝剑，有着不合时宜的安静和无声，却在出鞘的刹那芳华四射。

老狼理所当然地没能进入文学社，倒不是圈子有意刁难，而是对于一个面试途中语无伦次，三番两次站起身打算夺门而出的人，他实在不知道该怎么亮绿灯。老狼咬牙切齿地说，"我这次是真真正正地肯定了，圈子就是我生命里的那个克星，和他狭路相逢的时候，我总是非死即伤。"

输在自己的短板上，老狼当然是不服的，在文学社受了气，他便约了圈子球场之上见真招，圈子没有拒绝。

这天下午放学后，我们没有吃饭就径直去了体育场，我拿着一瓶可乐坐在看台上，那是一场真正的男人和男人之间的对决，青春和青春之间的较量。

圈子单手运球，身子灵活地跨过老狼的防守，起跳投篮，老狼怔了一下，几乎是反射性地，倏地一个起跳，凌空扭转了身子，从一个非常刁钻的角度伸出手，"啪"的一声，盖了圈子的火锅。圈子似乎是没有想到，愣了好久，然后甩了甩头发上的汗珠，露出明晃晃的牙齿，笑道："再来！"

两个人你来我往，毫不退让，三十分钟后，他们双双躺在了地上。我跑过去递给他们可乐，老狼终于吐气扬眉了一回，朝着我露出一排大白牙，呼哧呼哧地直喘气，我只是挥挥手，对于他的胜利并不意外。

"你该去报体育生。"休息了一会儿，圈子忽然这么说，那一刻他看着老狼的眼神分外真诚。老狼用手抓了抓头发，含混不清地道，"再说吧，倒是你，嘿嘿，怎么样，这次服了老子没有？"

我忽然想起什么，扭头问圈子，"刚刚见你一直用左手运球，你是左撇子？"听我这么一说，老狼也瞪大了眼，盯着他看。圈子开始笑，笑得连胸膛都剧烈地起伏起来，他摇头，"哪能呢，我就是练习用左手打球而已，将来说不定能左右开弓。"

老狼一下子激动得脸都绿了，"说，你小子不会故意让我的吧？"然后扑上去就跟圈子滚在了一起。

男人的友情，其实很简单

打打闹闹着，迎来了高二的第一次考试，发成绩单的那一天，气氛比在考场上更令人难以忍受，每个人都战战兢兢地等待着老师的宣判，只除了一个怪胎——圈子。物理老师进来的时候他还趴在角落里和周公交流感情，老狼无比幸灾乐祸地看着圈子被老师叫醒，迷迷瞪瞪地走上讲台，然后一头茫然地看着手中被塞进一根粉笔。

老师指着试卷上一道题，笑眯眯地说，"把这道题给大家讲解一下。"

圈子点了点头，先前的茫然一扫而光，他伸出右手，大拇指与其余四指垂直，让磁力线垂直进入手背，简洁明了地分析着载流导线在外磁场中的受力情况。很多人低声私语起来，老狼更是笑得差点儿掀翻了桌子，"这不是安培定律，这一定是圈子定律吧？"连他这个门外汉都知道此处的受力分析该用左手。

老师示意大家安静下来，脸上竟然还带着点歉意，"抱歉，看到一份满分卷激动得忘了，这位同学的左手小时候受过伤，手筋断了，虽然治疗了这么多年，但还不灵活，做这个动作是太难了。不过刚刚他分析得完全正确，只要这里变一下方向，其实用右手也是可以解出来的……"

我侧头，看着圈子就站在十米以内的对面，微笑着看向我和老狼，我像定了形一样，傻傻地张着嘴，与其说是吃惊，不如说是不知所措。那个时候我没有看老狼，不过我相信他脸上的表情一定跟我一样精彩。

早就知道圈子左臂上有一道长长的伤疤，却不知道会有这么浓抹重彩的一笔历史。那个时候，他到底是怎样做才能以一种波澜不惊的姿态来承载着命运的祸福难测？

每个人的心底都有一道看不见的伤，那是天曾经塌下来的地方。而圈子的那道伤则是赤裸裸地暴露在空气中的，只是从不肯说它的来历。

那天晚上，老狼在我上铺翻来覆去地睡不着，黑暗中他探下头来问我，"阿辉，你说圈子他，他的手没事吧？"我摇头。他急了，"你们的床就隔了一堵墙，你怎么不知道？"我也气乐了，一把将老狼拖下来就拽着往隔壁走。

无论之前发生过什么不愉快，今后我们都是兄弟，男人之间的友情，就是这么直白又简单。

今生会记得

人在失败的时候，更需要树立英雄，而那个英雄就是圈子。之后的很长一段时间，我们不再羡慕圈子在情人节被鲜花掩埋，不再羡慕圈子穿得桀骜不驯却依旧备受师宠，不再羡慕圈子长得好学习好家世好，全身心地投入到了紧张的学习当中……

后来，我们成了学校里著名的三人行，后来，老狼还是转了体育生，再后来，老狼进了省体育队，老狼是走的那个早自习才告诉我的，我和圈子逃课送他到车站，三个大老爷们儿竟然都红了眼眶。

高考前夕圈子也走了，那天我生病没去学校，同桌说他是要回老家参加考试，走之前等了我一天，然后递给我一张纸条，上面只有一句话——大学再见！

与此同时老狼也写了信过来，说交了个女朋友，同样祝我考试顺利，将来大学再见。我没有告诉他圈子回老家的消息，只是真的希望，我们能够大学再见。

后来的后来，我和老狼都考上了大学，一南一北，却再没有圈子的消息。庆功宴那天老狼真的领了个女朋友一起来，我被惊悚到了，如果圈子在这里的话，他肯定会说这个女的长得比如花还如花，可是他不在。

老狼喝得有点高了，用手掰着我的肩膀直摇晃，"阿辉，我听说他是个后妈，小时候受过不少罪，虽然老爸挺有钱，但……你说，他怎么就这么一声不吭地走了呢？"

我抱着酒瓶子不撒手，双脚都有些发飘，可还得空出一只手来扶着老狼。

如花点了一首歌，在旁边高声地大唱，"朋友的情谊呀比天还高比地还辽阔，那些岁月我们一定会记得，朋友的情谊呀我们今生最大的难得，像一杯酒，像一首老歌……"

是啊，我不知道我们将来是否还会再见面，不知道将来会发生什么，可是我知道，那些哭过笑过打过闹过的日子，他一定都记得……

我们是那种人，跳舞的人

口 红

1

一个月前，幺幺失恋了。

我绕着大围巾，戴着小红帽，花着长途话费在阳台给她打电话表示安慰。

"干吗分手？"

"不喜欢了呗。"

"谁不喜欢谁了？"

"一起不喜欢了啊。"

"哪有这种好事。一般都是一个喜欢，一个还是路人，一个喜欢到不行了，一个才看上眼，一个差不多了，另一个开始疯狂。"

"那，是他差不多了吧。"

突然我们都不说话了，风声穿过我们之间长长的沉默。

"你是个好女孩儿他瞎了眼才不要你。"这种话说出来我自己都会被恶心到。

所以我说："来上海吧！我们去外滩跨年，我请你吃咖喱鱼丸港式奶茶，去看2016年第一场最脑残的爱情电影。"

在很久之前，还是在广东那不需要秋裤的冬天，每天放学我都会被一个男生截住，就是停着一辆垃圾车的那个拐口，我实在是烦不胜烦。"大哥，你干吗非得在这堵我呢，垃圾味很酸爽是吗？"

每次他都只有一句话，直直看着我的眼睛，像拷问犯人似的，"你能告诉我马幺幺去哪了吗？"

我说："不知道。"

他就走了。

第二天继续堵，第三天，第四天，日复一日。

我跟马幺幺说："干吗这么不待见他，我觉得他挺帅的啊。"

"肤浅！"

我替自己和垃圾男不忿，到底谁肤浅啊，天天追肥皂剧、敷面膜、看洗脑时尚杂志的又不是我。

到底于心不忍，我对那个堵我的男生说："别再站在这傻等了，她不会来的。你挺能坚持的，这里那么臭。"

他说："不好意思，我有鼻炎，闻不到。你怎么不早说？"

我立马炸了："有病去治啊！"

2

我的确肤浅，曾经最大的梦想就是每天喝得起酸奶抽得起万宝路。

当然，如果能做着自己喜欢的事情，同时喝得起最喜欢的那款酸奶那就相当enjoy啦。

很长一段时间，我都在不停地写呀写，写到想摔东西，想骂人，想杀人，想毁灭全世界。将一个动作重复到极致还意犹未尽不能停止。那时我的房门挂一块小木板，正面写着"别来烦我"，背面写着"查无此人"。

没有人敢来打扰我。

除了马幺幺，她门都不敲，直接从阳台爬进我房间。我来不及反应就被她拉到街上，琳琅满目的橱窗在我面前铺开来，皮草、高跟鞋、高级轿车，这是我在街上闻到的物质的芬芳气味。人类在以亘古未有的速率消耗着地球资源，多么狂妄又无知。皮草、高跟鞋、高级轿车让他们变得更自信了吗？可是我也无法停止使用一次性筷子和塑料袋，如果说吃老坛酸菜面是一种享受，那吃完面还不用洗碗筷就是一种高级享受。我无法舍弃这一点点快乐，纵使我知道这种行为是在污染公共环境。

春天的马路是湿的，当我看着橱窗里一件原木碎花裙挪不动步，才在玻璃镜里看到自己光着脚丫子。

"我的鞋子呢？"我问。

"刚才你说想光脚走鹅卵石路就脱下来放在倒数第二张木椅下面啦。"

在马幺幺的怂恿下，我走进店试了一下那条裙子。光着脚，在诧异的目光下。

所有人都说漂亮，马幺幺直接去柜台刷了卡。

我有点受宠若惊，整个人都有快脱离地心引力飘起来了的感觉。

"这件碎花裙天生就属于你，你一穿上就诠释了什么叫量身定做。"她仰着脖子说，一股名媛劲儿。

"你今天怎么那么大方？"

"想什么呢？刷的是你的卡啊！"她手一扬，就把卡甩了过来。

我！的！心！在！滴！血！

"你怎么知道我密码！"

"拜托，你所有卡都是遇见万宝路先生那天的日期，只有你妈猜不出来吧，苏糖小姐。"

又戳我软肋。

有时候我也不明白，怎么会跟这种人做了那么久的朋友。马幺幺就是典型的胸大无志啊，包不离身，但包里面只有一部手机和一管唇膏。最爱惜她那张如花似玉的脸，下楼扔个垃圾都要涂个口红。撑着眼皮和隔壁老爷爷聊三国聊水浒，就是为了割两节人家围栏里的芦荟拿去做面膜。

我认真想了想，有三点吧。有三点让我愿意和这个无脑妞一直好，好到死。

她不玩自拍。老天爷，在这个全民娱乐的时代，遇到一个不玩自拍的人已属不易，遇到一个不玩自拍的美女就跟白天撞到了鬼差不多。她自诩天生丽质，根本不需要什么美图秀秀。她还说，动不动就把自己照片贴网上显得多掉价啊，我就是要端着，像春风一样沐浴每一个路人。这个比喻挺恶心的，可是你能指望一个漂亮女孩儿想出什么清新脱俗的修辞呢？

她永远回复及时。你发个微信，五分钟后看到她会回复一条短信。你发条短信，十分钟后她看到会回个电话。你打个电话，如果没接，到半个钟头后她会骑着自行车出现在你家楼下，哪怕其实你只是想问她今天有什么作业。

像我这种内心敏感的人，尤其无法抗拒这种行动表决的在乎。

最重要的是，她总是能带给我一些灵感。

忘了那次是为了吃到免费的鸡排还是牛排，我跟她混进一个艺校的趴，疯到凌晨才回家。我们小心翼翼打开锁，脱了鞋蹑手蹑脚摸着黑爬上楼梯走回房间，我很累，只想睡觉。但她要我去洗脚才肯让我上床。

我很不满，"是你要我跟你去吃那个什么鬼排的，现在还不让我睡觉。"

她说："你知道吗，巴黎人曾经也喜欢脱掉鞋子走回家。"

"别扯了，你连广东都没出过。"

"是在二战的时候，德国佬侵占了巴黎，晚上就不让他们去玩。就设了个宵禁，要是晚上街上被发现还有巴黎人，就要被抓去卡嚓掉。"

她把手放在脖子上做了个杀气腾腾的手势，我被她逗乐，问："那巴黎人晚上不会待在家里睡觉啊？"

"你以为谁都像你那么猪啊！"她翻了个白眼。

"可能人家天生浪漫，晚上不出去耍一耍就睡不着呢。"

"喂！等等，你的意思是，你老爸老妈是德国纳粹？"

我是觉得，巴黎人这么浪漫，光着脚回到家后肯定是洗了脚才睡觉的吧。

要不是后来我读完了整本《巴黎烧了吗》，我简直怀疑她为了让我去洗脚凭空编造了这段历史，因为我曾经文绉绉地跟她说，以后一定要跟我的真爱去一次巴黎！

3

万宝路先生出现的时候，我的生活遇到了前所未有的瓶颈。和老妈在电话里吵架，我哭着说："凭什么要听你的话？你不要再给我打生活费了，我不会再听你的话了。"可是在自力更生这条路上也不顺，稿子频频被毙，怎么写都不对，气不顺跟编辑也吵了一架，放下幼稚的狠话，说"你的审美跟不上我的成长"。

我打电话给么么，五分钟我们拦了一辆摩托车去沃尔玛。

试问哪个女孩子在不开心的时候不想把商场里所有漂亮衣服搬回家？

虽然我们很穷，但是不要脸啊。所以我们把专柜里所有漂亮裙子都试了个遍，然后趾高气扬地走了出来。

就是在这个无耻的瞬间，我看到了万宝路先生。他很高，穿着白色T恤和蓝色运动裤，给人感觉是体育班那种男生。我不知道他帅不帅，因为我没戴眼镜，看不到。

我只能感觉自己心跳加快，脸颊发热，荷尔蒙爆炸形容的应该就是我当时的状态吧。

我鬼使神差地一直跟着他，幺幺拿出一张便利贴，我在上面写下自己的QQ号，想找机会塞进他口袋里。可是一直下不了手，因为他身边跟着一位貌似他父亲的人物。好不容易跟到结账柜台，他就站在我前面，我颤抖着把纸条一点点接近他的口袋，偏偏不知哪个神经病鬼叫了一声，我手一抖，纸条飘在了地上。

我太紧张了，再也没有勇气将那片小小的纸条捡起来。

我们跟着万宝路先生和他爸爸下了电梯，跟去停车场，看着那辆黑色老爷车开走，我们疯跑起来，直到渐行渐远。

仿佛经历了一整个初恋那么长。

我真的特别伤感，特别不甘心，特别讨厌那些非要陪着孩子去购物的家长。

你以为就这样了吧，我也以为。可是真这样的话，我们又怎么会叫他万宝路先生呢？

就在我已经快忘了这个人，幺幺在一个深夜给我打了个电话，说她在十字街那家美宜家里看到了那个人！

我真的是二话不说车不停油拖鞋带脚赶到了那里。

我到的时候幺幺刚要走，他身边站着那个鼻炎男让我惊掉下巴，到底谁肤浅哦？

幺幺嘴里的"那个人"坐在门口的长椅上抽烟，抽的是万宝路。

我想了一百个搭讪的借口，比如，"帅哥不要在这里抽烟好吗，我有哮喘。"哮喘跟烟有几毛钱关系？比如，"你好，我们学校正在举行一个零距离接触公益活动，就是鼓励给陌生人一个拥抱打破冷漠促进社会和谐，不用扫码的，你一定很愿意参加吧？"再比如，"嗨，我是卡士酸奶公司的调查员，我们在举行'帅的人在喝酸奶'活动，这瓶酸奶请你喝，喝完反馈下口感，啊对，扫一扫这个微信号就可以发表你的意见了。"

正当我在权衡哪个方案更具操作性时，一个长发飘飘的女人闯进我的视线，万宝路先生跟着她走了。

他们手牵着手，十指相扣。

我一口气喝了十瓶酸奶，所有口味，其实它们只有一种口感——酸。

4

可我还是很喜欢万宝路先生。

可能是喜欢他的大长腿，可能是喜欢他抽烟时沉默的姿势……怎么说都是一些莫名其妙的理由，管他呢，反正我乐意。

所以我天天背书包屁颠屁颠跑去便利店写作业，穿着我最贵的那条裙子。原来幺幺的理论是对的，有些东西没拥有之前觉得不需要，一旦拥有它的作用马上凸显。

就在幺幺和那个鼻炎男打得火热的时候，我变成了另一个鼻炎男，故意施展守株待兔的伎俩。

万宝路先生有时会来，有时不来。我摸不准。

我站在货架的这边，看着他在另一边走动着挑选零食。我趁着没人，偷偷转了几个圈，飞扬起来的碎花裙摆，就像我年轻的心。

布拉格广场那个跳舞的少女，酷似我。

可惜跳舞的少女也没有勇气去勾引一个心有所属的陌生人，但没想到我们真正对话是他在这个城市的最后一天。

那天我转圈转得太忘乎所以了，直接狠狠摔倒在地上，坏在我入戏太深，摔在地上第一想到的不是爬起来再哭，而是想起了一支舞曲MV，我模仿MV女主把头埋进裙摆里，努力想挤出几滴眼泪再缓缓地抬起头来营造凄美氛围。货架那边的万宝路先生闻声赶来，他看到我滑稽的动作和表情先是愣了一秒，出于人道还是把我扶到桌子旁。他呼出的气息喷在我的脸上，我看着他的侧脸，觉得好帅。要不装作跟跄偷偷亲一下他的脸？或者狠狠咬一口他的耳朵好让他对我印象深刻？要是幺幺在就好了，她最擅长把坏事做得理所当然义不容辞。

是他先跟我说话的。

"好像老是看到你在这里写字，写什么呢？"

呀！他的声音真好听，有点沙。

"写作业。"这么说会不会显得我很幼稚？

"我可以看看吗？"

"不可以。"

这下显得更幼稚了，但草稿纸上写的一整页万宝路先生真的没什么好看的啊。

"哈，别紧张。我明天就回上海了，没有机会告诉别人你在这里转圈摔倒让你丢脸的。"

惨了，我的脸肯定是火红火红了。

但我还是抓住了关键信息，他要走了。

你猜怎么着？万宝路先生走之前留了一个万宝路烟盒在桌子上，我顺手拿起来准备扔，却发现里面有个小东西在窜动，打开一看，是一枚戒指，精致的小钻戒，在黑暗中闪着光。

关于这枚戒指，我做了一万个猜想，最后告诉幺幺的故事版本是：万宝路先生跟我求婚啦！喏，你看，有戒指为证。他说先回上海等我，只要我大学考去上海，一毕业他就娶我！

她看我的表情就像见了鬼，不奇怪，爱情就像鬼，相信的人很多，遇到的人很少。

至于我，这是一场旷日持久的梦游，我不愿醒来。

5

幺幺跟鼻炎男分手那会儿，闹得满城风雨。这个手分了大半年，生拉胡扯，鬼哭狼嚎，悲喜交加。

鼻炎男又开始每天在路口截我，手里拿着一盒葡萄蛋挞，害得我不得不绕路而行，毕竟蛋挞的诱惑，真的很难抵挡。我站在街上，我看着他失魂落魄地离去的背影，那一刻，我觉得幺幺挺不是人的。

"他就是个神经病！"

每次说起他，幺幺都是这副毋庸置疑的语气，听起来很讽刺。

我想起她和鼻炎男还好那会儿，有一次她哭着来找我，告诉我她怎么也找不到鼻炎男了，不停问着怎么办怎么办怎么办。晚些鼻炎男的电话终于打了回来，她却不肯接了。直接关机把手机扔进被子里，擦掉眼泪拉我出去吃消夜。

一直以来我挺看不惯她这种女神病做派的。所以我忍不住回了句嘴："你不过仗着自己一副好皮囊，有什么了不起的。"

她立刻炸了，"苏糖你有没有搞错！不带你这样吃里拐外的，你是不知道他有多变态！我想谈个恋爱又不是想找个老爸，家里还有个喘气的呢！不准我进网吧，不准我和男的说话，乱删我的通讯好友，短信迟点回马上打电话过来吵，谁受得了他啊！反正我是受够了。"

"那当初干吗要在一起？"

"他对我好啊。"

"他现在对你也好啊。"

"我不稀罕了啊。你知道他怎么说你的吗，他说像你这种喜欢打桌球的女孩儿肯定不是什么好女孩儿，让我别跟你玩了。你说我怎么可以和这种人玩下去，他老是想把我关在笼子里。"

我的乖乖，鼻炎男是从清朝穿越过来的吗？

哭街，自残，恳求，威胁，鼻炎男竭尽一切方法去挽回，直到他恶狠狠地说出那句"马幺幺，你一定会不得好死！"，幺幺都没有回过头。

可能就是因为太年轻了，爱恨都带着血。可她是骄傲的马幺幺啊，她最讨厌深情虐恋，溅得自己一身泥，她皱着眉头，只想快点补点口红，继续沐浴每一个路人。也别说什么陪伴是长情的告白，你要那么空虚，你那么想要陪伴，养条狗啊！

别去惹那些野性不羁的野猫，它们不但有锋利的爪子能抓伤你的脸，还能巧妙躲开所有陷阱逃出你的笼子。

6

我真的考来了上海这座城市读大学。

是因为这座城市真的美丽，时尚，风情万种，这里面已经没有万宝路先生的什么事了。那枚戒指被我用细绳吊了起来，贴在我的胸口，伴随着我脉搏的跳动。我想着，等到哪天我穷途潦倒吃不起饭，我就把钻戒拿去当。它增加了我在这座陌生城市的底气，很奇怪，当我有了这样的底气，我再也没有穷途潦倒过。

这是一个新的故事。

我在偌大的跑道里一圈接着一圈，回想着开昨天的一个兼职面试遇到的奇葩学长，他拉着我硬生生聊了一个半钟点的宿命论。

"为什么想到这里兼职？"

"刚好看到了啊。"

"要是我不雇用你呢？"

"那就找别的啊。"

最后他说，"抱歉，你不符合我们的一百零八项要求。"

我真是白眼翻瞎，差点脱口而出"你这种六个钟五十块钱的兼职有什么资格跟老娘提要求啊！"可能是初来乍到对这个城市的敬畏吧，我还是保持最后的风度。本来，最开始也是把桌游看成了桌球才来面的试。

但我还是认真反省了自己，得出三点结论：一，不能再这样浪费时间，我连等舍友一起吃饭都不愿意呢。二，如果值得讨论，一定要大胆说出真实所想，别给对方机会洋洋得意，如果实在无法分辨对方是否有优越感，一定要多方试探找出破绽，一击毙命，免得事后才发现悔不当初。三，要过一个充实且值得回忆的大学时光，的确需要做些计划。

一切都没有想象中完美，却也觉得过瘾。

带幺幺去买咖喱鱼丸，来不及提醒，老板加了我们都讨厌的番茄酱，港式奶茶刚好卖完了我们最爱的珍珠，坐在第六排的爱情电影，果然是一看到开头就能猜到结局的烂片。

幺幺在上海的最后一晚，我宿舍还停了电，真是倒霉透顶。手机没电，电脑没电，台灯没电，我们比二战的巴黎人还耐不住寂寞，可是也找不到好办法，最后就着窗外的月光，在宿舍疯疯癫癫地走了一晚的猫步，早上没有闹钟提醒，差点儿错过飞机。

不知道为什么，印象中我们永远匆匆忙忙，总是怕错过什么，哪怕提早三个钟点起来穿衣服也做不到有条不紊，很简单，一旦早起，三条街外的外婆油自然不容错过。

我们就像喜欢跳舞的骆驼，但心里清楚，跳完了要继续赶路。

偷影子的人

钟龙熙

楔 子

苏小染至今还是清楚地记得宋颖那爽朗的标志性笑声，高兴时眯起眼睛露出两颗可爱的兔子牙的样子，就是偶尔上田径场也会看见和她相似的背影，在夕阳下肆意奔跑，追逐着风，蒸发眼泪，及肩的黑发飞扬在青春的阳光里、尘埃中。

可那都不是她，也不会是她，因为宋颖已经离开南方去了北方一座有雪的古都很久很久了。

秋的凉意没有勾起苏小染惜别怀远的情绪，倒是无意中透过窗帘的缝隙投影在书上的阳光，引起她的注意，她抬头，微微掀起窗帘的一角。怕惊扰了别的同学，所以只是轻轻猫腰趴在窗角欣赏秋日的云淡风轻。

那么猝不及防地，伐木工人在不远处残忍的锯木声飘进她的耳朵，回头那一刻青葱翠蔓的广玉兰轰然倒塌，心下一紧，悲伤吞噬了投射在桌面的阳光。

回忆如潮水翻涌而来。

那是一个冗长的苦夏，长的感觉一辈子都要过完了。

苏小染是个十分内敛的女生，不懂和女生打交道，害怕和陌生人讲话，和男生说话总是不敢抬头温声细语的。她像空气一样普通得没有任何存在感，成绩一般，体育一般，长相一般，还没什么特长，典型的扔到人海里就会立马被淹没的普通人。

文静是她唯一一个可以想到的用来形容自己的词语。

而宋颖和她截然相反，她和人说话落落大方不卑不亢，长相清秀，成绩永远名列前茅，从转来那一天起就获得了不俗的关注。跑起步来就像风一样快，还写得一手漂亮的字，性格又好，真是个优秀得一塌糊涂的女生。

往往这样的女生也会格外地惹人嫉妒呢。

1

宋颖很快就和班里的同学打成一片，而苏小染始终像苦苦遥望北极星一样和这个团体格格不入。她躲在自己的城堡里不愿接近外人。

本来按照正常的剧情发展，耀眼的宋颖和平凡的苏小染应该像两条平行线一样延伸到尽头永不交集。但冥冥之中似乎有什么在牵引着，向心力不断把她们卷入一个世界里。

苏小染是从什么时候开始发现自己拥有的这个能力的呢？那天阳光也不赖，她凭轩而立，把手撑在栏杆上仰望天空，地面上留下的深深浅浅的痕迹的是她可爱的影子。这时几个女生走过来了，是班上比较多嘴的一个小团体，经常会围在宋颖身边。

她们站在苏小染旁边叽叽喳喳个不停，讨论得热火朝天，丝毫没有发现苏小染存在的事实。八卦的内容无非是怀疑谁和谁又走得比较近啦，哪个女生的小缺点让人觉得讨厌啦，无良的班主任又怎么过分地收费啦之类的芝麻琐事。苏小染悄悄地移过去不动声色地离她们远一点，她松了口气，才觉得没那么压抑，可是一回头。咦？

我的影子呢？

苏小染四下扭头张望，最后惊奇地发现自己的影子还留在原地，她不敢相信地闭上眼睛再睁开，她的脚下洒满了温暖的阳光，可本该出现在的影子却调皮地留在了离她几步远的地方。

苏小染努力使自己平静下来，咬紧下唇慢吞吞小心翼翼地移回刚刚那个位置。

"苏小染，你干吗？"正在高谈阔论的女生看见苏小染突然冒出来警惕地尖声叫道，她挑着眉，以一种居高临下的姿态看着小染。

苏小染躲闪着眼神，因为害怕被她们发现影子的秘密，所以她咬紧发白的嘴唇默不作声。

女生翻白眼不屑地扫过苏小染汗珠密布的脸庞，抱臂"哼"了一声，然后趾高气扬地说："得了，下次我们聊天的时候你识相地离远点就是了，这次我就不跟你计较。"

"是我先在这里的。"苏小染不满地抬起头，声音软绵绵地说道。和煦的金色阳光打在她脸上，让她看起来倔强得迷人。

没想到向来胆小的苏小染会顶嘴，那女生又羞又气，觉得在自己姐妹们面前被这样一个无名小卒用这种口气说话真是脸面尽失，老祖宗的面子都丢光了。于是恼怒地指着她恶狠狠地说："苏小染，你算哪根葱啊？知不知道你自己有几斤几两？"

这话，实在是难听啊。

苏小染本来还想再说什么的，但是她似乎听见了女生的影子在向自己道歉，想想还是算了吧。不说话，转身准备走人离开这个是非之地。女生一见苏小染这般"目中无人"，不免动怒想拉住她教训一番，以维护自己的霸主权威。

不过她一个单音节"诶！"刚发出来，宋颖好听的声音及时响起来，"算了吧，又不是什么大不了的事。"

本来女生还有些愤愤不平的回头，一见宋颖笑吟吟的清秀脸蛋，就光速换上和蔼可亲的面孔，赔笑着表现出一副"大人不记小人过"的恶心模样。毕竟，宋颖是个很优秀的人呢。

苏小染听到了宋颖好听的声音，但她没有回头，只是加快了步伐跳跃在阳光底下。

那天的天气真的很好，苏小染这样想。

2

"你也喜欢天空？"这是宋颖对苏小染说的第一句话，她实在太过耀眼，把她们隔绝成了截然不同的两种人，以至于苏小染只能远远地望着她。

宋颖的眼里带着浓浓的笑意，苏小染却莫名地感到紧张，像被戳破心事的小女孩儿般手足无措。低垂着头想把眼睛隐在厚重的刘海后面。

你也喜欢？……我可以偷偷地以为你也是喜欢天空的吗？

宋颖越过她，走到窗边，把手搭在栏杆上，仰头眯着眼睛享受阳光的抚摸。"啊，阳光真是个好东西啊，可以晾晒悲伤，可以杀菌消毒去去成长的霉。"她说话的口吻带着些许俏皮，但是眼底不自觉地掠过一抹忧伤，迅速地又消融在夏日的阳光里。

"小染，今天的事你别放在心上。好吗？"宋颖回头看着她，眼里饱含真诚，令人不忍卒读。

"嗯。"又怎么会放在心上呢？

"小染不喜欢说话吗？"她缓声问道。

"只是……习惯了沉默。"

"哦……沉默很让人觉得安心呢，但是有人说不好听的话，你就装出一副黑社会老大干架般凶狠的模样，然后大声说，'喂，叽叽喳喳吵些什么呢'。这样她们下次就不敢随便欺负你啦。"她声情并茂地说着，自己也忍不住轻笑了起来。

很奇怪的，明明宋颖面上虽然笑着，苏小染还是会感觉到她身上散发着丝丝缕缕忧伤的味道。就是在阳光底下也蒸发不掉。苏小染抬头看着她，认真地和她对视，第一次，她鼓起勇气勇敢地看一个人的眼睛。

她眼里，有着十七岁与同龄人不同的明媚与忧伤。小染看见她们的影子悄悄靠近，汇聚成一团黑影。

"你为什么会喜欢天空呢？"苏小染问。

"因为天空很大啊，不开心的时候只要抬头看着天空就会觉得烦恼都会变得烟消云散了。"

"你……也会有烦恼？"苏小染迟疑着问出这句话，因为，宋颖实在是太优秀了，照理说不应该有烦恼这种庸俗的情绪吧？

"小染为什么会喜欢天空呢？"宋颖没有回答她的问题，反问道。她说得很快，不给小染回旋的余地。可这下难倒小染了，她很多时候都是习惯性地抬头仰望天空的，并不存在什么喜爱之说。

只是太孤单了，仰望天空又不需要两个人。她可以这样回答吗？

她忘记是从什么时候开始喜欢上天空的了，只是隐约觉得遥远的天空很美，她可以看得一清二楚，而现实离她那么近，却丑陋得苦不堪言。所以，她的眼睛任性地模糊了眼前只为那澄澈的半亩天空。

"因为天空简单，纯粹，一尘不染，和她做朋友我觉得很开心。"她尽量用平静的口吻说，好像听见宋颖的影子在笑她……

"那我可以和你做朋友吗，小染？"

红晕悄悄爬上了小染的脸颊，她仿佛又听见了宋颖影子笑的声音。

3

好吧，她承认自己一直有偷偷关注宋颖，并潜意识里幻想着可以成为她。所以她知道宋颖有写日记的习惯，她知道宋颖是很努力很努力才变得这么优秀的，她也知道宋颖似乎不那么喜欢和班上的女生过亲近地接触。好吧，这也是苏小染猜的，毕竟她对谁都会风度翩翩礼貌性地微笑看不出任何多余的情绪。

有时候明明难过了，为什么还要刻意扯出笑脸，看起来比哭还难看……

她被一群人簇拥着，喧哗得很，宋颖的脸上挂着不咸不淡的笑容，矜持而又惨淡。大家都在谈笑风生，只有她一个人在强颜欢笑，那种滋味比孤单没朋友还要难受好不好。

苏小染听见了她的影子哭泣的声音，在阳光底下。

下午放学，苏小染抚着冰凉的栏杆爬上后岭田径场，田径场圈住的足球场内有很老师同学在踢足球，远处沙池有体育生在练习跳远，树下有初三学生在扔实心球。还有像风一样从他们身边掠过的宋颖，夕阳下她的背影显得孤单又落寞，及肩的黑发在空气中扬起好看的弧度。

她仿佛可以听见宋颖的影子在轻轻地喘息，她的汗珠慢慢地从她的额角滑落，滴在脚下的田径场，她穿的白衬衫干净得一尘不染，校服灌满了风像扬起的帆布。

她不知疲倦地一直跑一直跑，固执地不肯停下，太阳渐渐沉落在远处的高楼以后，她才累趴倒在空了的草坪上，大口大口呼吸空气。整个人湿透了像是刚从水缸里捞出来，她体育虽好但平时很少跑步，今天却发了疯似的奔跑在夕阳下。

苏小染站在她身旁，看见她紧紧遮住了眼睛，从眼角留下来的，有咸涩的汗水，更多的却是苦涩的汗水。

这真是一个冗长又冗长的苦夏啊。

苏小染抱腿坐在她身边静静地陪着她，原谅她不懂安慰。

"小染。"

"嗯？"

"帮我看一看天空。"

"好。"

云在微弱的太阳光照射下，颜色由原来的火红变成橘红色的了，太阳也由原来的圆形变成了半圆。

大量运动会蒸发掉多余的水分吧？

"我身上是不是很臭？"宋颖坐在苏小染身边略带歉意地说，明明她的头发湿嗒嗒的，干净的白衬衫上还粘了不少草屑，可为什么小染还是觉得她耀眼得迷人？

"没事，我知道有一种花你带在身上就会变香起来的。"

"真的？什么花？"

"广玉兰，一种白色的长在树上的花，花朵清丽脱俗毫不张扬，总是隐在树叶里，向着太阳发出淡淡的花香。"看见宋颖用那种略带赞赏的眼光看自己，小染的心里有点小自豪。虽然她成绩不是特别好，但是她可是知道很多课外知识呢。

"真像小染呢。"她的声音气若游丝，茫然失神地凝望着昏暗的灯光。"那我们学校有吗？"她补充道。

"有，下次我带你去摘，天快黑了，我们回家吧。"小染见她有兴趣，不失时机地说。

"好。"

4

原本苏小染并不打算深究宋颖伤心的缘故，毕竟虽然她没经历过这样严重的家庭危机，但是多少也能理解她的难过。然而当她看见成绩表，看见班主任在早读课把宋颖叫出去谈话那一刻，她似乎明白了宋颖坚强的盔甲溃不成军的原因。

一个天之骄女，由原来的顺数第二考了总分不到四百分。这落差……

也是，她最近很不在状态，上课总是心不在焉的，作业也经常不交，成绩难免会下滑啊。多半是因为那件事吧，然而小染又能帮她做些什么呢？

"你相信世上有偷影子的人吗？"

"啊？"没想到宋颖会突然问这个，这让小染有点儿应接不暇，她偷偷瞟了一眼地上的影子，只希望它安分点别让人给发现了。

"为什么会突然问这个？最近有什么烦心事吗？"小染试着问出这个问题，其实她知道的，但是她还是想听到亲自从她嘴里说出来。

"啊，是很棘手的烦心事，可能我无法阻止事态的恶化。"

"这么严重？"

"或许，吧。"

小染成功地绕开了这个话题，不免有些沾沾自喜，不过她也感到很难过，这样瞒着宋颖，会不会不太好？不过她真的是无意地看了她的日记。

小染摇摇头决定不想这个事了，大步往前走。路过小卖部的时候，本来想着低头飞速跑过去的，因为之前和她闹小矛盾的那几个女生又在那儿嚼舌根。不过，事与愿违，走近她们的时候，苏小染真恨不得把耳朵关上。

"哎，宋颖最近怪怪的，你们说她是不是失恋了？"

"失恋？不会吧！"

"她一直都那么怪啊，对谁都笑得一脸灿烂，肯定是个很有心计的女生。"

"就是，说不定之前的好成绩都是作弊出来的。"

……

她实在是受不了了，深吸一口气，刻意装得凶狠一点提高音量大声说，"喂，你们可不可以安静点。"本来她们还嚣张跋扈地想说什么的，但是看到苏小染这副与平时好欺负的小绵羊截然不同的面孔，趾高气扬的气焰消弭，便努努嘴，大摇大摆地离开了。

阳光充足地照到楼梯上，屋脊上还有墙壁上，整个学校都在寂静的光芒中。她心跳还是有点儿快，事实上，如果不是她胆小，她真想大声哼唱小曲。

小染因为自己的勇敢忍不住笑出声来，又怕四周有熟人，探头探脑看了看觉得还是赶快离开这个是非之地的好。

看来，偶尔也要从城堡里出来晒晒太阳呢。

5

那以后的很长一段时间，时光波澜不惊，除了偶尔一点儿无关痛痒的小插曲，时间就在缝隙间匆匆流逝。

本来苏小染也以为岁月会就这么平静地过去的……

星期一升旗仪式，明明和往常没什么两样，但是小染就是嗅到了空气中微妙的不寻常的味道。她看了几眼宋颖的方向，她回头对着自己咧开嘴笑。

升完旗回来，回到教室她就知道有事情发生了，空气变得十分凝重，班主任急匆匆地跑进来，铁青着脸问："最后离开教室的人是谁？"

安静，死一般的静谧。

气氛压抑得令人窒息。

宋颖嗖的一声站起来，声音洪亮有力地说："是我。"她站得笔直，像竹子般清秀挺拔。

班主任眼底闪过一丝惊讶，脸色慢慢缓和下来，"那么，你走的时候锁门了吗？"

"我确定过了，前后门都锁了。"

这下班主任的表情变得复杂起来了，事情严重程度可见一斑。底下的同学开始交头接耳窃窃私语，有些好事的脸上露出兴奋的神色，睁大眼睛手脚并用绘声绘色地讲些什么，有的则显出古怪的神情，夹杂着一丝恐惧、担忧和惊讶。至于那几只乌鸦很不屑扫了一眼宋颖，连连冷笑。

后排的几个女生一人一句讲得起劲儿，苏小染听到一个关键字"偷"，猛一回头，听见她们说历史课代表昨晚收的报纸费一千多块放在教室里不见了。

苏小染不由自主地心跳加速了，可是她扭头一看，宋颖还是一如既往地淡定。身正不怕影子斜，是的，小染相信善良的宋颖是不可能会做出这种千夫指万人骂的坏事的。

可是那些对宋颖指指点点的疯人疯语还是会不自觉地流入她的耳朵，像蚀骨般难受，她们愈演愈烈，声音越来越大，纷纷把矛头指向宋颖，好像认定了她就是小偷。

小偷？多么恶心的词语啊。

苏小染竭力忍住自己的愤怒，握紧拳头，嗖的一声迅速站起来，口齿分外清晰，响亮，铿锵有力地说：“不是宋颖！”

安静了，世界安静了，大家纷纷看着小染，宋颖一脸平静地看着小染因为紧张而涨红的脸蛋，好像在默默赞扬她的勇敢，嘴角挂着似有似无的微笑却无端添了太多苦涩。

十七岁的苦夏啊，什么时候才能结束？

后来班主任把全班人都赶出去，搜同学们的书桌，结果呢？当然不是宋颖。

只是那些人的目光，虎豹般阴森恐怖如芒在背。虎视眈眈地在等待着小红帽失足滑落山崖落入万丈深渊，宋颖还是会微笑着，对每一个人，也学会让自己忙碌得像永远不会停下的陀螺，只有这样才不会剥离出一块思想的土壤去理会那些风言风语。

只要迎着风跑，烦恼就会丢在身后了。

6

七月的夏才刚刚开始的时候，宋颖握着小染的手要和她告别了，终于，该来的还是来了，无法挽回的感情也像泼出去的水，迅速蒸发在夏天里。

她就像一阵风，来了，又要离开了。

"可是，我还没有带你去摘广玉兰呢！"

"没关系的，以后我会回来找你的。"

"可是，如果……"如果那些女生再欺负我怎么办？

"没事的，小染已经变得很勇敢啦。"

"可是……"如果我想你了怎么办？

"小染，如果想我了就抬头，不管有多远，我们永远都会在同一片天空底下的。"宋颖眯起眼睛笑着，露出两颗可爱的兔子牙，虽然看起来算不上高兴，但是她如释重负般的轻松也感染了小染。

高一那一年的夏天，宋颖的父母最终还是离婚了，她的日记里大概再不会出现类似"我真的好害怕爸爸妈妈会分开"这样悲伤的语句了吧。苏小染真的是无意看到的，只是恰好值日，随手在宋颖的书桌下捡到一个纸团，在回家的路上才知道了宋颖埋在心里的难过，生根发芽然后结了一夏的苦果。

最后她随妈妈去了北方一座有雪的城市。而我，好吧，我承认，我并不是什么偷影子的人，高二那一年体检，医生说我眼睛白内障远视得厉害，才会总是把面前的黑影看成一团。

原来我从来就不是什么偷影子的人，只是太孤单了……不过，正是因为远视，天空离我虽然很远，一样可以看得很清楚呢。

一想到宋颖就想昏天黑地地嚎啕大哭一场，就像仰望天空就会无可抑制地流泪，感情的大堤瞬间决口了。那真是一个梦，温暖而又明亮，她在我十七岁的苦夏来了，夏天过去了，她也随候鸟迁徙去了远方。

也不知道南方有没有广玉兰呢，宋颖有没有想起我……